Résiste !

**Des mêmes auteurs**

*Insurgez-vous !*, Éditions du Rocher, 2017.

*La Cité d'espérance du père Pedro*, Éditions du Rocher, 2018.

*Akamasoa. Rêves d'enfants. 25 ans d'action du Père Pedro*, Éditions du Rocher, 2014.

Pierre Lunel, *Prophète des bidonvilles*, Éditions du Rocher, 2013.

Père Pedro
et Pierre Lunel

# RÉSISTE !

éditions du
ROCHER

*À toutes les femmes du monde*
*qui résistent pour leur liberté*

Éditions du Rocher
28 rue Comte Félix Gastaldi – BP 521 – 98015 Monaco
*www.editionsdurocher.fr*

ISBN : 978-2-268-10815-5
EAN Epub : 9782268108681

# LE COMBATTANT ET LE PASSEUR

Dix ans que, chaque année, je me rends à Madagascar. Ce voyage, je l'effectue naturellement. C'est comme si j'avais perçu un signe. Il n'est certes pas question d'une chute de cheval comme pour Paul de Tarse, d'un lépreux sur mon chemin comme pour François d'Assise, d'une voix comme pour Moïse, d'un carillon de cloches comme pour l'abbé Pierre ou d'une étoile comme pour les rois mages.

Le signe que j'ai perçu, invisible et très sensible à la fois, est une émotion qui ne ressemble à aucune autre, violente, étrange, inhabituelle, presque contraire à celle que l'on éprouve habituellement devant ce qui nous apparaît beau et bon ou face à ce qui nous gratifie. J'aime la recevoir comme une étrangère. Ce signe me rappelle quelqu'un. Il est de ces émotions qui font surgir dans ma mémoire la puissance d'un souvenir intime. On aurait dit que quelque chose a été enfoui au nom de je ne sais quoi. Ce ressenti qui dit que quelque chose ne demande qu'à renaître. Sans doute s'agit-il d'une forme de compassion – un ressenti si fort, si original, qu'il parvient à me conduire hors de moi-même, jusqu'à m'oublier parfois. Ni mes parents ni l'école, ni les curés ni les psys ne sont parvenus à me conduire à vivre cela.

Je me suis si souvent convaincu, par égoïsme peut-être, qu'une émotion ne répond qu'à une gratification personnelle. Faut-il que la compassion provienne d'une source extérieure à mon propre corps et à mon propre cerveau pour que je m'en découvre pénétré, imprégné ? Ni plaisir ni désir, ni séduction ni pouvoir, ni orgueil dans cette émotion. L'*ego* était le lieu qui en détenait jusqu'ici le monopole. Comment ne pas ressentir de compassion au contact de ce monde : celui de la misère.

De la misère, avant d'arriver à Madagascar, j'en avais vu... Difficile, après avoir traîné ses guêtres chez les pauvres de l'abbé Pierre, les chiffonniers des bidonvilles du Caire et les oubliés des *townships* de Johannesburg, de ne pas se dire que ça y est, la misère, on peut s'y habituer. C'est oublier que le propre de la misère, c'est de susciter une émotion d'une intensité qui demeure intacte. Partout où elle se trouve, la misère fait de toutes ses victimes des frères. Le bon pape François a bien raison, lui qui parle des « périphéries ». Un seul et même mot suffit à témoigner de cette unique réalité.

Partout, la très grande pauvreté a le même dénominateur : on vit sans toit, subsiste sans travail, survit sans argent, grandit sans école et meurt sans soin. Aucun espoir de s'en tirer. La compassion, seule, vous permet d'y voir un peu d'humanité. Cette humanité que nous partageons avec le misérable – ils restent des hommes et des femmes. Même si, peut-être, aux yeux de beaucoup, ces damnés de la terre n'ont de commun avec eux qu'un semblant d'humanité.

C'est cela, la compassion, voir en premier lieu, dans chacun de ces misérables qu'on a devant soi, le diamant qui fait de l'homme un homme, restituer à chacun son entière dignité. On pourrait s'habituer au jour nouveau après le cycle de la nuit. On pourrait aussi le comprendre comme une naissance à partir d'un rien de vie. Mais qui peut s'habituer à voir un homme sans rien ? Qui peut comprendre un millième de sa vie ? Oui, compatir, c'est entretenir la lumière vacillante de la vie chez cet autre, ce frère. Celui qui compatit se sait vivant comme jamais. Par la force de la compassion, la main tendue se sait capable de redonner vie à cet oublié.

C'est toujours injuste, l'indifférence. Oui, il est injuste qu'une vie s'évapore à cause d'elle. La misère, elle colle à la peau. Tous ceux qui ont eu de la compassion le savent. Elle permet d'oublier ce regard tourné vers soi auquel tant sont accoutumés. Or, la misère n'est pas uniforme, sauf pour qui la regarde de loin. De fait, en s'approchant d'elle, on voit bien qu'elle n'abolit pas les différences. Chaque fois, elle vous paraîtra semblable, et chaque fois, vous la découvrirez différente. Comparer la misère de Madagascar et celle de Haïti, celle des faubourgs de Dacca ou celle des *favelas* de Rio est une gageure !

À la misère, Pedro a consacré toute une part de lui-même. Il vit la compassion continuelle. Quand il me dit : « Tu ne peux pas comprendre… Tu ne le pourras jamais ! », je crois qu'il a raison… On ne peut pas vraiment comprendre la grande pauvreté si on ne la côtoie pas tous les jours au plus près, si l'on ne va pas prendre à chaque instant la main tendue de l'autre, si l'on ne lui parle pas continuellement avec le cœur. Si l'on ne choisit pas d'éprouver sans arrêt de la compassion. Vivre un cœur à cœur. Et, même ainsi, il reste encore cette part d'inconnu, d'indicible et d'inexprimable. Mystère de cet autre qui nous est proche et dont nous ne connaîtrons jamais parfaitement le quotidien de souffrance ! Si je lis la définition du verbe « compatir », j'apprends que c'est l'action de « prendre sur soi la souffrance de celui qui souffre »… Soit ! Cependant, même la compassion la plus aimante ne vous métamorphose pas en misérable.

Vous pouvez parfois vous mettre dans la peau de l'autre, épouser un temps sa souffrance, mais ce n'est qu'un droit de visite, certes sublime, mais passager. Répétez cet acte d'amour au quotidien, plusieurs fois par jour. Cela ne fait pas de vous un misérable. C'est là que la compassion atteint sa limite. Oui, il nous faut accepter de ne pouvoir aller plus loin. Ainsi, quand le P. Kolbe prend la place du père de famille promis à la chambre à gaz parce que cet homme a des enfants, il monte au sommet de la compassion ! Mais prendre sur lui la peur, la souffrance vécue par l'homme pour lequel il offre sa vie en rançon, y est-il parvenu ? Je ne puis l'affirmer, pas plus que pour François d'Assise avec le lépreux, ou pour Monsieur Vincent avec le galérien, ou pour l'abbé Pierre avec l'ivrogne suicidaire, ou pour sœur Emmanuelle avec les chiffonniers du Caire, ou pour mère Teresa avec le mourant qu'elle tenait dans ses bras.

Pas plus que les autres, Pedro n'est le Malgache misérable tout droit sorti des rues de Tana et qui a vécu mille morts.

Il n'empêche ! Sa compassion ne fait pas de lui celui qui l'a habillé de sa souffrance, mais elle l'a marqué, travaillé, transformé. Car la compassion nous fait sortir de nous-mêmes et de notre confort, elle peut faire de nous un autre, une autre, ainsi qu'elle l'a fait pour Pedro. Lui, c'est un héritier de ceux qui vivent le dépassement de soi. La plupart d'entre nous auront éprouvé une fois, deux fois, cent fois dans une vie la compassion. Mais rares sont ceux qui ont choisi de le vivre chaque jour, à la manière d'une respiration ou d'une manière d'être. Cela, Pedro l'a fait !

La compassion vient de l'amour. Elle *est* l'amour gratuit. L'amour *don*, l'amour *absolu*. Le seul amour sans véritable réciprocité. Tel est le grand apport révolutionnaire de Jésus à l'humanité : celui de nous révéler à nous-mêmes ce diamant, ce trésor de la compassion. Pour le comprendre, il faut se dépouiller de tout ce que l'on est, de tout ce que l'on sait, pour exprimer l'indicible. Il faut dépouiller son langage de toute fioriture, de tout qualificatif. Il faut se taire, souvent.

Quand Pedro parvient, un jour de 1989, sur la colline de la misère absolue, quand il apparaît dans cette décharge sur les hauteurs de Tana, sa première tentation aurait pu, aurait dû être de fuir. Pedro a résisté à la tentation de fuir. Il est là. Il est resté. Comment comprendre cette décision ? Qui le peut ? Dès le début, Pedro a lutté pour que soit supprimée cette colline de la honte, sans y parvenir, parce que la volonté politique fait défaut.

Quand, moi-même, je suis allé sur la montagne de déchets pour la première fois en 2012, cela faisait déjà une vingtaine d'années que Pedro la foulait chaque jour. Je voulais être le témoin de ce que faisait ce héros. Je venais voir comment il avait surmonté sa peur. Le héros reste un homme, un homme avec ses peurs.

L'environnement avait beaucoup changé. Pedro avait bâti avec eux et pour eux des villages aux belles maisons colorées. Surtout, les écoles étaient nées et accueillaient déjà 13 000 enfants rieurs. Pour moi qui venais d'un monde aseptisé, le choc fut immense. Ce n'était pas tant l'odeur âcre de l'ordure, le pourrissement des déchets, le bourdonnement et la saleté des mouches. Je constatai la présence de ces êtres humains sur une colline hostile, affrontant puanteur, mort, maladie. J'y rencontrai tant d'hommes et tant de femmes, et tous ces enfants… Ils continuaient encore de survivre dans ces rebuts de la ville. J'ai dit un mot à ces hommes et à ces femmes, j'ai caressé la tête des enfants. C'était dur. Bientôt, ma table bien propre et mon lit douillet me manquaient. Comment Pedro faisait-il pour rester là ?

Quand, plus tard, il me permit d'aller voir les pauvres chez eux, dans leurs maisonnettes, et de leur parler, de les entendre me raconter leur vie à chacun, des vies si semblables – et pourtant si différentes pour peu qu'on soit attentif à un bout de sentiment exprimé, à un aveu timidement lâché –, j'étais encore ce témoin, cet oiseau de passage ! Et c'est peu de dire que je lui suis reconnaissant de m'avoir permis de leur donner un sourire, d'écouter leurs silences, de plonger mon regard dans le leur, de laisser s'installer entre nous un éclat de rire, un je-ne-sais-quoi de complicité passagère et sincère. De leur offrir un bout de ma misérable compassion. De me faire leur frère au plus noble sens du terme, l'espace d'un instant. D'épouser leur joie et leur peine, de deviner leur courage sous leur timidité, leur ténacité derrière leur modestie. Merci, Pedro, de m'avoir donné l'occasion de vivre en mon âme la vérité de la parole du sage…

Oui, je me rappelle les mots de ce sage de l'Inde éternelle. Il avait dit à ses disciples : « À quoi reconnaîtriez-vous que la nuit est terminée et qu'il fait jour ? » L'un d'eux avait répondu : « C'est quand, de loin, je peux distinguer dans deux êtres qui cheminent que l'un est un homme et l'autre une femme ! » Le sage ne fut pas satisfait... Un autre disciple dit : « C'est quand, de loin, je peux deviner entre deux arbres que l'un est un manguier et l'autre un cyprès ! » Le sage n'en était toujours pas satisfait. Les disciples se turent donc pour entendre sa réponse : « C'est quand de loin vous reconnaissez en l'homme qui chemine un frère et dans la femme qui chemine à ses côtés une sœur... Alors vous saurez que la nuit s'achève et qu'il fait jour. Tant que vous ne verrez pas cela, même s'il fait jour, vous demeurerez dans les ténèbres ! »

Merci, Pedro, de m'avoir permis de voir au plus près, armé d'un pauvre sourire, que la femme qui m'accueille est ma sœur, que l'homme que j'écoute est mon frère ! Leurs sourires, leurs regards demeurent gravés en moi. C'est sans doute la raison pour laquelle je reviens chaque année les voir : pour échanger un sourire, un mot, un instant, un bout de fraternité... Je veux transmettre ce dont j'ai été témoin, être ce *passeur d'émotions*.

Car il me faut *résister*... Résister à mon *ego*... Revenir auprès de ces gens. Auprès d'*eux* ! Même si j'ai l'impression d'être inutile. Je ne sais pas bâtir des maisons, je ne suis pas habile de mes mains. Je ne sais que parler – et je ne parle pas le *malagasy* – et sourire, voilà qui est universel ! Je dois essayer d'aller au bout de leur cœur simplement avec le sourire. Les très pauvres ressentent les choses avec autant de subtilité que vous et moi. Mais que pèse ma petite résistance à côté de celle de Pedro ? Lui est toujours là, près de vingt ans après être entré courbé, presque en rampant, sous la tente déchiquetée de la première famille, là-haut sur la colline qui s'appelle aujourd'hui Manantenasoa ?

*Résister...* A-t-on idée de ce que cela représente que d'aller en 1989, seul, sur une colline maudite, pour se courber afin d'entrer dans un abri de misérable, un lieu où on n'est même pas invité ? Que de promener son regard sur des visages hostiles ? Que de hasarder quelques mots dans un *malagasy* hésitant ? Et pour dire quoi ? Des mots qui paraissent improbables, inaudibles, incroyables et presque risibles...

« Je suis venu vous voir pour vous aider, pour qu'ensemble nous nous mettions droit ! Si vous ne le voulez pas pour vous-mêmes, au moins acceptez-le pour vos enfants ? »

Une chance sur un million qu'ils l'écoutent ! Pas vraiment plus... Non, ce n'est pas la première fois qu'on leur dit ces sornettes. Pas la première fois qu'on dit vouloir les aider. La misère la plus terrible, c'est bien quand on n'y croit plus. Ces misérables n'y croyaient plus. C'était déjà bien assez que de survivre au jour le jour. Se pensaient-ils encore humains ? Rien n'est moins sûr...

Ces misérables, personne n'avait jamais vraiment fait attention à eux. Il n'y avait plus rien. Seule restait la très grande misère. Plus d'espérance. Ils devaient être maudits. Frantz Fanon a eu raison de parler des *damnés de la terre*. Avoir une vie comme celle-là, c'est demeurer en enfer ! Même pas la peine d'attendre le Jugement dernier, il est déjà là. Dans cette vision d'horreur.

Comme il lui en a fallu, d'esprit de résistance, à Pedro, pour s'en aller vivre avec eux, au milieu d'eux, comme eux ! Une décision comme celle-là ne se réfléchit pas.

Aucun calcul, aucune préparation, aucune de ces choses qui passent par le cerveau. Ça sort du cœur, directement. Sans tamis, sans hésitation, sans raison. On appelle cela l'amour, cela vous dépasse et vous entraîne.

Avant cette visite à la décharge qui a changé son destin, Pedro était moine lazariste ! Il avait déjà vécu près de vingt ans à la dure, avec des villageois du sud de Madagascar, dormant peu, mangeant mal, tombant malade et parfois gravement… Il avait ses frères, sa communauté, son logis, une vie simple. Il ne possédait déjà pas grand-chose ! Sa famille était au loin, en Argentine. Il avait laissé ses amis, le souvenir d'un père et d'une mère qui l'avaient chéri, de frères et de sœurs qu'il avait aimés… Mais qu'était-ce en comparaison de ce qu'il voit en ce jour de 1989 sur la colline ? Ces gourbis ? Cette puanteur ? Cette absence de soin ? Cette sauvagerie ? Serait-il venu se jeter dans la gueule du loup ?

Et si ce loup, c'était l'Évangile ?

Là, d'un coup, sans réfléchir, au nom de la justice et de l'amour, il a choisi de résister. Il l'a fait à cause de ces mots, si vieux, tellement indémodables : « Tout ce que vous ferez aux plus petits d'entre les miens, c'est à moi que vous le ferez ! » Difficile de trouver plus *petits* que ces misérables-là. L'amour est une lumière qui part du cœur. Une lumière éblouissante. Elle ne s'éteint pas.

Mère Teresa, sœur Emmanuelle, l'abbé Pierre, Pedro, ont cela de commun : *ils ont résisté.* Ils ont été plus forts que leur *ego*. Définitivement. Sans retour en arrière. Ils nous montrent ce qu'est la compassion vécue en continu. Sûrement pas un feu de paille, une vaguelette qui vient puis s'en va, un coup d'éclat éphémère, de la vapeur éthérée…

La compassion, c'est comme le buisson ardent qui parle à Moïse et dont le feu ne s'éteint pas !

« Mais enfin, Pedro, comment tu fais pour ne pas avoir envie de t'en aller ?

— Qui te dit que je n'ai pas envie de m'en aller ?

— Mais enfin, tu es là, ça fait trente ans ! Tu es arrivé dans la force de l'âge, et tu as le cheveu qui grisonne et la barbe qui blanchit ! Trente ans… Ce n'est plus une aventure, un camp de vacances, une retraite… C'est même au-delà d'une mission ?

— Non, ce n'est rien de tout ça. C'est une résistance ! C'est simplement *résister*. Résister à l'indifférence, à l'injustice, au mensonge, à la peur. Et à moi-même ! »

Il éclate de rire. Son rire est tonitruant. Il lui ressemble. Il a la voix grave et rocailleuse des paysans de Slovénie. Sa crinière aux reflets blonds est celle d'un lion de l'Afrique. Son regard est doux et incandescent à la fois… Quand il interrompt nos échanges pour accorder son attention à ce pauvre qui a priorité sur tout dans sa vie, je le regarde à la dérobée. Pas une marque de lassitude ; rien qui trahisse la fatigue, l'agacement, l'exaspération ; rien qui témoigne d'un temps qui lui serait volé. Ce regard, ce cœur, ces mains, cette voix, cette crinière, cette barbe ont connu mille tempêtes, mille drames, mille morts et une unique espérance. Son espérance est la signature de l'Esprit de l'Évangile, celui qu'on appelle chez les chrétiens « le Saint-Esprit ».

Quand une famille vient de la rue et lui dit qu'elle n'a rien à manger, qu'elle ne sait pas où dormir et que les petits ne sont pas soignés, mesure-t-on bien ce que cela signifie si on n'a jamais connu de situation pareille ?

Quand on ne travaille pas et qu'on ne gagne rien, et qu'on vient lui demander du travail, est-il, Pedro, un employeur pour en donner ? Quand l'enfant qui jouait avec gentillesse et spontanéité dans sa courette est devenu un adolescent, une adolescente qui fait les 400 coups, se drogue et se prostitue, ce qui arrive quelquefois, que faire et que répondre ? Quand celui ou celle qu'on a aidé une fois, deux fois, dix fois vous trahit, quand il ou elle vous trompe… Quand l'homme à qui on a expliqué cent fois qu'il lui faut se remettre dans le droit chemin, se saoule et bat son épouse, qu'il la trompe et fait d'autres enfants à d'autres femmes – dont il ne s'occupe évidemment pas – alors qu'il vous a promis cent fois de s'amender… Que dire ? Que faire ? Multipliez tous ces cas par dix, par vingt, par cent, et vous aurez un aperçu de la réalité que vit Pedro au quotidien, de la difficulté inouïe de ses réponses et de ses choix, du caractère souvent inextricable des problèmes qui lui sont soumis…

Pour lui, les mots ne sont pas que des mots : ils traduisent pauvrement une réalité charnelle et vivante de toute éternité, une parole première, un infini au-delà de toute parole humaine, un esprit au parfum d'Évangile. Il vit des mots qu'il emploie, de toute son âme. Pedro est un résistant, un dissident. Moi, je joue un rôle, et lui, il joue sa vie. À chaque instant. Je peux bien maladroitement essayer de mettre des mots sur cette vie de résistance, être un *témoin*, mes mots n'exprimeront jamais assez.

Chacun à notre façon, nous sommes sincères. Il vit sincèrement pour les autres, au nom de l'amour. Je le traduis tant bien que mal au plus grand nombre, avec sincérité.

Mais ça y est, nous avons le temps de reprendre notre discussion :

« Pedro, tu connais, bien sûr, les toutes dernières lettres de mère Teresa, là où elle parle de ses “nuits” ?

— Bien sûr…

— Toi aussi tu connais, j’imagine, ces *nuits de l’âme* ?

— Cela m’arrive, mais mes “nuits” ne ressemblent pas aux siennes ! J’ai la chance d’être né à la fois slovène et argentin… Et cela change tout ! Je suis solide comme un paysan slovène et joyeux comme un *kid* argentin. Chez nous on s’embrasse, on rit, on a l’ADN joyeux. On est fabriqués comme ça… Cela aide, crois-moi, quand les moments sont durs ! »

Il se fait grave, soudain. Sa voix n’est plus tonitruante, elle devient douce et tendre.

« Quand je suis tout seul avec Jésus dans ma chambre, je lui demande souvent : “Dis-moi, je t’en prie, ce que je dois faire. Dois-je rester ? Dois-je partir ?” Jésus ne me dit rien, mais je subodore sa réponse… Depuis trente ans. Cela veut dire qu’il faut que je reste ! Que je résiste ! Donc depuis trente ans, je résiste, c’est aussi simple que ça ! »

Il rit. Décidément, il reste argentin jusqu’au bout des ongles. Joyeux même dans le combat le plus âpre. À le voir vivre, on croirait presque que Monsieur Vincent jouait au foot, dansait le tango et buvait du vin de Cordoba.

# RÉSISTER… C'EST VIVRE !

Avec lui, on n'a pas le choix. On doit se rebeller, s'insurger ou résister… Il n'y a aucune place pour le renoncement, pas plus qu'il n'y en a pour l'indifférence, la passivité, le désespoir. Et cette résistance, qui affronte les plus grands défis, nécessite une philosophie simple, claire, à la portée de chacun et, au fond, éternelle. Une philosophie de celles qu'apporta Jésus au Iᵉʳ siècle, de celles que revigora François d'Assise au XIIIᵉ devant une Église qui pactisait avec les puissants et oubliait le parfum de l'Évangile, de celles que Bartolomé de Las Casas exprima face à l'injustice de la colonisation et des empires, de celles que Vincent de Paul inscrivit en lettres de feu avec ses pauvres, de celles que le pape François adopte aujourd'hui devant les déséquilibres du monde.

Aujourd'hui, quand les glaces des pôles fondent, les forêts brûlent, l'égoïsme est roi, la peur domine un peu partout, on serait tenté de se replier sur soi. Même – voyez ce qu'il se passe en Ukraine, au Yémen, en Afghanistan, au Mali –, on fait la guerre sans raison, parfois pour un bout de terre de rien du tout, prétendument pour protéger un espace qui ne devrait appartenir à personne d'autre qu'à tous les humains. Partout, les désespérés des guerres civiles, de la faim, de la survie, traversent les mers et franchissent les murs au péril de leur vie. La vie sur Terre, soyons clair, pourrait être une belle fraternité de sept milliards de vies humaines, de vies semblables, de corps qui souffrent moins, d'enfants qui jouent et rient, de vieux qu'on n'oublie plus, de couples qui ne se déchirent pas et réapprennent à s'aimer. On est loin du compte… Devenir frères, c'est cesser de perdre son âme dans l'absurde d'une consommation sans but, sans raison, sans joie autre qu'éphémère et factice, sans finalité, sans autre utilité que d'engraisser l'*ego*. Serions-nous seulement des corps habillés d'un cerveau ? Non, nos corps et nos cerveaux sont traversés par l'esprit. C'est la sève, l'ADN de la vie, ce qui permet de conjuguer nos cinq sens avec la beauté du monde. Ce qui permet de le rendre beau… Beau, même là où on le croit laid.

Pedro a réussi ce miracle : finir par rendre beau ce que tant d'autres disaient laid. Et, pour cela, il résiste à la noirceur, à la bêtise, à l'arrogance, au mensonge, à la fausse gloire, à la philosophie vaine de la société de consommation (« du pain et des jeux »), à la haine, à la lâcheté. Un homme étrange ! Il est à rebours des idées toutes faites, de l'air du temps, de la mode, des facilités et des faiblesses… Il est ce drôle de bonhomme qui nous dit : « Résistez ! Résistez ! »

*Résister*, il le fait en paroles, en action, avec les yeux, avec son rire et même ses colères. Il le dit, surtout, avec son immense bonté. Avec ses sourires aux enfants, sa parole aux adultes, l'eucharistie qu'il célèbre comme prêtre catholique, son courage, son refus de la peur. Les enfants, entre deux drames, accourent comme un vol de moineaux vers lui, alors il offre un mot gentil, un éclat de rire. Pedro, c'est Spartacus et ses esclaves révoltés, ce sont ceux que l'on brûlait au nom de la vérité, c'est Las Casas qui défend les Amérindiens contre les *conquistadors*, ce sont tous les dissidents qui se dressent contre les dictatures imbéciles – les avocates d'Iran, les dissidentes biélorusses, Navalny, Mandela... –, c'est Jean-Paul II devant la peur et François devant l'embourgeoisement de la spiritualité. Il *résiste*, comme eux l'ont fait, le font encore. Il résiste avec Jésus, le premier résistant, à l'abandon, à la trahison, au doute, au démon, au mensonge, à la mort, à l'absence d'amour. Pedro nous montre que résister, c'est bon. Que c'est vouloir rester envers et contre tout joyeux, généreux, enthousiaste.

Il suffit de regarder les enfants pour, nous aussi, résister. Ceux dont il s'occupe jouent innocemment à côté de ce qu'il y a de plus dur à supporter. C'est un royaume de la joie immergé dans l'océan de la misère. Ici, au beau milieu de la souffrance, l'enfant est un prince qui rit. Le ballet incessant de la mort, les ravages de la drogue, les douleurs dues à la maladie, à la solitude et à la faim s'interrompent sporadiquement pour le laisser rire. C'est un verre d'eau fraîche dans l'océan d'amertume, un rayon de soleil dans la nuit noire, un pépiement joyeux au milieu des pleurs.

Quand je vois ce qu'il passe avec Pedro, j'ai le sentiment de saisir la clé qui me permettra de comprendre : il métamorphose le mal en bien, en une alchimie subtile et simple à la fois. *Résistons*. C'est chose bien plus puissante que toutes ces armes dont on se sert pour tuer. La mitraillette met à mort, le sourire de l'enfant fait naître à l'esprit. Ce qui passe par le rire de l'enfant et par son innocence est un remède qui permet de guérir tous les maux de la terre. Le vacarme des balles, le sourire de l'enfant ne le supprimera pas, mais il donnera la force d'y résister.

Pedro l'a compris : que d'amour dans ces sourires enfantins ! De fait, puisque l'amour est une force supérieure, il naît d'abord dans l'enfant. Résister sans amour, c'est tenir dans sa main un pétard mouillé, jouer un mauvais tour, bâtir un fragile édifice, faire un château de cartes. L'amour dont l'enfant nous nourrit est invincible. Son rire vaut mieux que les prétendues vérités de prétendus savants. Aucune sagesse, aucune équation, aucune parole, aucun discours, aucune gesticulation n'égaleront le sourire d'un seul enfant.

« Ils sont mes gardes du corps ! C'est avec eux que je résiste à peu près à tout ! »

Quand Pedro me dit cela, il parle des enfants, avec leur rire, leur innocence, leur fraîcheur, leur amour gratuit et pur. La plus belle des résistances à la bêtise, c'est le sourire de ces enfants dépenaillés dans la cour de Pedro qui jouent et qui piaillent.

Résister… Accepter de s'aventurer au-delà des apparences, des mots, des possibles, des impuissances, des lâchetés. Refuser de se compromettre avec la peur. Oser. Faire pousser des fleurs sur des ordures jusqu'à les recouvrir et jusqu'à les abolir. Avec l'amour, voilà qu'on assiste à ce phénomène extraordinaire : des roses poussent sur les ordures, comme l'exprime cette parole de Pedro :

« Les enfants sont comme des roses. Au travers de nous, Dieu peut faire pousser des roses sur ce qui est abject. »

Longtemps, j'ai cru qu'il s'agissait d'une belle parole, d'une chansonnette pleine de mauvaises poésies, de mots qui font joli dans notre existence morose. Peut-être le crois-je encore un peu, parfois. Maintenant, pourtant, je sais que le poète est un être sage, que ses mots pleins de folie ne parlent jamais en vain. Tel un fou, il reste le seul qui voit au-delà du réel. Les doctes et les savants ne voient jamais vraiment. Pedro est une sorte de poète. Il ne se satisfait pas de l'à peu près, de la mièvrerie, de l'acceptable, de la bienséance et de la langue de bois. À celui qui résiste, rien n'est impossible.

Nous qui pensons tout avoir, nous sommes comme une terre desséchée, où plus rien ne pousse. Le sourire chez Pedro est comme une rose que je veux bien cueillir. Oh ! si seulement je pouvais en faire des bouquets de ces fleurs, les offrir à mon voisin et le voir enfin sourire. Bon sang ! Ce serait tellement mieux, si les nantis, les privilégiés, les raisonnables, les prudents que nous sommes, pouvions porter sur nos propres problèmes un regard bienveillant, sans les œillères et l'étroitesse qui aveuglent et gangrènent…

Le destin d'un riche est de résister à ses biens. Si seulement je parvenais à quitter mes avoirs, mon compte en banque, ma carrière, mes certitudes, ma bagnole, mes maisons, mes séductions, mes petites conquêtes… Si je pouvais, ne fût-ce qu'un instant, entrer dans ce monde de poésie folle comme on entre en religion, par vocation, alors, oui, j'entrerais pleinement en résistance !

Mais ce serait folie. Déjà, commencer par un rien de folie, assez au moins pour résister à l'étroitesse d'esprit. Cela n'est pas contradictoire avec le fait de rester lucide et mesuré. Se plaindre d'un salaire trop bas et de l'électricité trop chère. Gémir des fins de mois difficiles. Récriminer contre ma banque qui me tire les oreilles. Râler contre mon pouvoir d'achat qui s'effrite… Tout cela est légitime. Mais au même instant, garder à l'esprit que mon frère, au bout du monde, a faim et souffre comme moi. Sauf que lui, c'est la fin du jour, non la fin du mois. C'est le pouvoir de rien, non le pouvoir d'achat. C'est subsister autant que faire se peut, non consommer moins pour consommer mieux. L'aurions-nous oublié ?

L'abbé Pierre, cet ancêtre de Pedro, m'avait dit un jour :

« Ouvrons grands les yeux… Elle est détestable, cette étroitesse du regard que nous portons sur les problèmes quand ils ne sont pas les nôtres. Quand dans le monde des hommes meurent encore de faim, quand en France des hommes meurent encore de froid, je crie : "Nous sommes tous coupables de non-assistance à personne en danger!" Nous sommes complices. Nous ne pouvons pas dire : "Nous ne savions pas!" Car nous savons, puisque nous en regardons tranquillement les images sur nos téléviseurs et nos tablettes ! »

Résister, lever son derrière de ce fauteuil, changer son regard. Ne jamais oublier que la première gangrène de l'esprit s'appelle « indifférence ».

Si, vraiment, nous voulons résister à tout ce qui pourrit notre Terre, commençons par le douillet de notre intérieur. Il est inutile de rouspéter contre tel ministre, d'être en colère contre les impôts ou de se rêver en sauveur du monde si nous ne changeons pas d'abord le plus profond de nous-mêmes. Aucune résistance ne vaut sans une conversion du cœur. Pas une conversion de circonstance, ce ne sera pas profitable, pas une conversion qui verse des larmes de crocodile. Une conversion authentique. On ne résiste pas en étant velléitaire. La croisade pour l'esprit ne connaît qu'une seule arme : la vérité. La conversion du cœur, c'est ce qui fait Pedro. Avec lui, la laideur cède la place à la beauté et la méchanceté à la bonté.

Cessons d'accepter la misère ! Elle pourrit le cœur de chacun. Elle tue, assurément, tout espoir chez celui qui en est victime. Elle détruit tout aussi sûrement l'esprit de celui qui ne se sent pas concerné, ou qui ne l'est qu'à peine, qui ne l'est pas vraiment. Elle fait de sa victime directe un mort-vivant, un homme seul qui est comme mort, quand bien même il vit, et de sa victime collatérale – celui qui l'ignore –, un misérable de cœur. Ne pas se sentir concerné par la misère, c'est devenir encore plus zombie. C'est ne plus voir ce qui fait la raison d'être de l'humanité : la fraternité, nécessaire.

Convertir son cœur pour atteindre la plus belle définition du pardon. Par la voix de ceux qui résistent à tout ce qui est mal, à ma petite échelle, je veux en faire le don. Alors c'est le P. Duval qui parle par ma bouche :

« Rien ne saurait m'empêcher que je t'aime, ni malheur, ni n'importe quoi, et dans l'enfer lui-même je crierai que tu es tout pour moi ! »

L'enfer, un seul cri d'amour suffit à le détruire. Un jour, l'abbé Pierre, petit de taille mais grand de cœur, arrive chez Pedro à quatre-vingt-dix ans sonnés, sur ces collines qui étaient encore naguère celles du malheur. Lui, il en avait vu d'autres, il en avait entendu des horreurs. Comme tous ces géants de la charité, ces gens qui sont l'honneur de notre Terre, tous ont passé leur vie immergés dans la misère. Pourtant, ce jour-là, même ce petit homme est pris aux tripes :

« Lorsque j'ai vu la misère à Madagascar, elle était si horrible que j'ai cru que j'allais blasphémer ! »

Avant d'ajouter :

« Mais toi, Pedro, dans l'enfer, tu as construit de petits paradis !

— Oui… Mais on les a construits ensemble ! » rétorque aussitôt Pedro.

Il aurait pu encore méditer longtemps, l'abbé Pierre, mais les enfants l'ont pris par les bras et, comme il ne pèse presque rien, il se retrouve ainsi, porté au sens propre comme au sens figuré, à faire le tour des villages de Pedro… C'est peu dire qu'il est heureux de se retrouver là au milieu de cette foule de petits garnements qui jouent et qui rient… Je souris en imaginant sœur Emmanuelle et mère Teresa, qui ne sont jamais venues ici, soulevées de la sorte, elles qui devaient peser 40 kilos, tout au plus !

C'est toujours ainsi chez Pedro. Même pour le pape François. Il est venu visiter les villages de la décharge en septembre 2019. Son rang lui interdisait de se laisser porter ainsi, mais on eût dit un enfant rieur, lui, le vieil homme dans sa papamobile… Comme elle sillonnait les rues, il exultait. Il était aux anges et lançait des baisers à tous ceux qui étaient venus le saluer.

Est-ce la présence de Pedro ? La contagion de son regard, de sa voix, de son inébranlable détermination ? La puissance de sa foi ? Sa joie communicative ? Je n'en sais rien. On dirait que grâce à lui, le blasphème s'efface. Que seule demeure cette envie de résister, le croyant avec sa foi en Dieu, le non-croyant avec sa foi en l'homme. Pour ma part, c'est ce que je ressens depuis dix ans. D'abord comme une envie de hurler, de dire au Bon Dieu :

« Mais enfin, qu'est-ce que tu fous ? »

Et pourtant, dans la foulée, je suis porté par un élan qui me fait toucher du doigt une forme de grâce ! Notre raison nous commande d'être prudents, notre folie d'être audacieux. Cultiver avec son esprit comme une plante précieuse, avec sa volonté refuser ce qui est mal, avec de l'humour, aussi – humour sans qui rien ne serait possible –, et un brin de folie, maintenir le cap. C'est la folie qui nous offre la liberté d'aimer avec tout notre esprit. Résister, c'est regarder à l'intérieur... Au début, quand je venais à Madagascar, je prenais plein de photos, dont j'ai même fait des livres entiers... Je voulais prouver la misère. Sottement, j'imaginais qu'elle se laissait capturer comme une fleur, prendre comme un rayon de soleil à la surface de la mer. Je me trompais.

Chez les riches, on me disait :

« Tes photos ne peuvent pas nous convaincre, car quand tu vois le sourire de ce bébé dans les bras de sa mère, tu ne vois plus la crasse, ni les vêtements déchirés, ni la maigreur de la maman ! L'amour qui passe dans un regard est si fort qu'il abolit tout ce que tu voulais montrer ! »

J'ai donc laissé derrière moi les photos et je suis passé aux mots... pour le même résultat. Encore une fois, c'était la beauté des regards, le sourire des enfants qui emportaient tout... Comment prouver que la misère est ignoble ? Elle ne parvient pas à abolir la beauté d'un regard et la grâce d'un geste, pas plus que vous ! Elle m'a donné une raison supplémentaire de la combattre, cependant. La misère ne sert à rien. Elle prouve, au contraire, l'incontournable présence de la beauté et de la bonté. Elle prouve que la dignité humaine est invincible. La défendre, encore et toujours...

Inutile d'accuser Dieu des maux qui sont les nôtres et de ne pas pardonner au mal d'exister. Ce n'est pas en le traitant en ennemi qu'on peut l'abolir, mais en apportant la preuve qu'il est inutile : il ne nous démobilise pas et ne nous empêche pas d'aimer. À un criminel, on ne pardonne pas le crime, mais on peut pardonner la misère qui l'a conduit à le commettre : ainsi Mandela a-t-il agi lors de l'apartheid avec la misère des racistes. Un soupçon de rédemption autorise le pardon. Dans l'enfer des ghettos juifs de la Seconde Guerre mondiale, Etty Hillesum s'écrie :

« La saloperie des autres est en nous… Je ne vois pas d'autre solution, vraiment aucune autre solution que de rentrer en soi-même et d'extirper de son âme cette pourriture. L'unique leçon de cette guerre est de nous avoir appris à chercher en nous-mêmes. »

Lorsque quelque chose semble hors de portée, peut-être est-il possible au moins d'avoir envie de le faire. Essayer de se préparer à croire la résistance un jour possible. Garde bien au chaud cette graine de résistance et elle germera… Rappelons-nous que Jésus, injustement jugé et condamné, a été capable de dire au bandit crucifié à sa droite :

« Ce soir tu seras avec moi, au paradis. »

# « VLADIMIR… ÉCOUTE ! JE TE PARLE EN FRÈRE… »

Depuis la nuit des temps, la « patrie » a deux couleurs à son drapeau : le blanc pour la paix, le noir pour la guerre. Trop souvent, il semble que le noir l'emporte sur le blanc ! Pourtant, ce mot de « patrie » devrait rester beau et pacifique. Mais la paix intéresse de moins en moins. Serait-on devenu assez bête pour la trouver ennuyeuse ? Peut-être la paix n'exalte-t-elle pas assez le roman national.

C'est ainsi que, la patrie, on n'en parle qu'à propos de la guerre. Quand, par exemple, Geneviève prie pour que les Huns n'entrent pas dans Paris, ou quand Jeanne d'Arc veut bouter les Anglais hors de France, on fait de la patrie une histoire de frontières et de mort.

À moi, pourtant, le mot « patrie » évoque la terre de nos pères, un territoire, une langue, nos familles, nos enfants, nos maisons et nos cimetières… Pas les frontières, elles qui nous conduisent à pointer du doigt l'étranger. La patrie, c'est comme une famille. Elle est faite pour vivre en paix et heureux. Elle évoque d'abord le doux parfum de la vie, non la puanteur de la mort.

Mais amateurs d'émotions prétendument fortes, nos cœurs ne palpitent qu'au rythme de la guerre, au son des tambours, au cliquetis des coups d'épée et à l'écho des détonations. La guerre semble exalter les vertus des mâles : force, domination, *hubris*, testostérone. Mais *quid* de ces qualités féminines qui n'entendent guère les pulsions violentes, lui préfèrent tempérance, douceur et tendresse. Vertus parfaites pour vivre en paix.

Depuis si longtemps, ce sont les volontés masculines qui sont à la mode. Car la guerre, on peut bien l'habiller de mots féminins – conquête, gloire, aventure, victoire –, elle demeure avant tout une affaire de gonades… Une exacerbation des plus violentes pulsions ! Quasi tout le temps, en effet, la guerre se veut domination, écrasement du voisin. Elle n'est, à la rigueur, juste et légitime que pour se défendre d'une agression, pour protéger la terre menacée de ses pères, sa famille et ses enfants. En dehors de quoi, elle n'est qu'une idiotie abyssale consistant à tuer sans autre raison que les plus basses, jusqu'à l'absurde !

La guerre détruit la Terre, ruine la vie, rend les pauvres encore plus pauvres et n'enrichit que les marchands d'armes. Eh bien, malgré tout le mal qu'on doit en penser, elle excite toujours certains esprits, qui la badigeonnent de courage et d'audace, et nimbent de gloire ses stratèges. Ma génération aura été instruite au son des trompettes et dans l'odeur de la mitraille, selon le culte de grandes dates qui sont autant de batailles. Le bonnet d'âne guettait celui qui ignorait Marignan, Crécy ou Azincourt, bien plus sûrement que celui qui ne connaissait ni Vincent de Paul ni François d'Assise. Étaient-ils l'honneur de l'humanité qu'on s'en fichait éperdument. On leur préférait le Roi Soleil pour les guerres menées par Turenne et par Condé. Et que dire de ceux qui font la moue en voyant Mandela pardonner à ses bourreaux plutôt que de les pendre haut et court… On voit bien que la guerre grise les esprits comme une sacrée bougresse !

En temps de paix, il semble que la jeunesse s'ennuie, s'enlise dans le poussiéreux et le monotone, ce qui en dit long sur l'imbécillité des programmes scolaires ! Moi-même, je ne m'intéressais pas – pas encore ! – aux millions de morts causées par les guerres. Ce constat pourtant – la guerre tue en masse – est le seul qui soit digne d'intérêt ! Heureusement, plus tard, et il était temps, je n'ai aimé que la paix ! Enterrer l'*hubris* des conquérants au profit de l'apaisement, voilà l'objectif. À Alexandre le Grand, Gengis Khan, Napoléon, préférons Martin Luther King et Gandhi. Refusons toute violence et toute guerre.

Je suis retourné chez Pedro au moment où elle faisait rage aux portes de l'Europe. Poutine avait décidé d'envahir l'Ukraine. Impossible d'y échapper, même pour qui se trouve à huit mille kilomètres du théâtre des opérations… La télévision a ceci de très particulier qu'elle a raccourci les distances. Sur cette planète, on avait fini par se sentir tous voisins ! Pourquoi n'avoir pas profité d'une des grandes vertus de notre temps, la communication, pour rapprocher êtres et cœurs ? Pourquoi tant d'hommes continuent-ils de s'ignorer parce qu'ils ne parlent pas la même langue, que leur peau est plus ou moins blanche, ou plus ou moins colorée, que leurs habitudes culinaires ou culturelles sont différentes ? Ne sont-ils pas des hommes, avec un estomac qui crie la faim, un esprit qui réfléchit ? Tous, nous naissons, nous mourons, nous nous marions, nous nous aimons, nous avons des enfants… Notre ressemblance n'aurait-elle pas dû nous guérir des guerres, nous rendre de plus en plus proches ?

Souvent, malheureusement, il suffit d'un dictateur, d'une personnalité à l'attitude paranoïaque, pour sonner le clairon… Loin est l'époque, cependant, des charges de cavalerie légère, des fantassins armés d'épées et de lances. Aujourd'hui sourd la menace nucléaire. Ce genre de menace qui nous met nez à nez avec notre sottise, nos mensonges, notre hypocrisie, l'absurdité, la vanité et l'orgueil.

Devant la folie de Poutine, les morts, les viols, les bombes, la peur, Pedro bout de rage. Il lui faut toute sa foi, toute sa prière pour qu'il pardonne. Il ne pense qu'à cette maudite guerre, ne parle que de ça ! Elle revient dans nos conversations, régulièrement... Il suffit d'une allusion à la politique, à l'inanité des dictateurs, pour que revienne dans sa bouche la guerre qu'ont vécue son père et son grand-père. Il suffit au courageux prêtre d'un extrait de télévision, d'un mensonge de la propagande russe pour frémir de colère ! Parlez-lui de la Covid et du cancer, des mauvais dirigeants et des oligarques, il vous exprimera de nouveau sa révolte !

À Poutine et à ses lubies, il faut « résister », dit-il. Trop d'horreurs et de crimes affligent notre Terre, la menacent de mort. Poutine n'est sûrement pas le seul dictateur dans le monde, il ne conduit pas la seule guerre, il ne produit pas seul le mensonge. Mais ce genre de dictateur concentre tous les traits du crime contre l'humanité en sa seule personne !

Semons la résistance. Et non avec des bombes et des chars... Cela vaut pour Poutine autant que pour les autres. N'oublions pas que, partout dans le monde, on devrait pouvoir se sentir chez soi. Sur toute la Terre, l'homme devrait se sentir chez lui.

Par son témoignage, Pedro parle à Poutine. Il lui a même écrit une lettre. Elle a peu de chance d'être lue par son destinataire, mais les gens de cœur reconnaîtront l'esprit qui caresse chacun des mots qui y sont écrits.

« Frère Vladimir,
Nous nous sommes réveillés ce jeudi 24 février, voyant que tu as déclaré la guerre contre le peuple ukrainien, un peuple souverain respectueux des lois internationales et n'ayant jamais eu l'intention d'attaquer la Russie… Tu es Vladimir, président de la Russie, que tant de personnes aiment et respectent pour son histoire et ses racines spirituelles profondes. On se demande comment il est possible que tu veuilles imposer par la force la folie de vouloir recréer un empire d'un autre temps, de l'imposer aux autres nations… Une minute après ton discours, à trois heures du matin, une pluie d'obus et de missiles s'abattait sur l'Ukraine. On pourrait croire, à t'entendre, que cette attaque visait un pays menaçant le monde entier, alors que le peuple ukrainien souhaite simplement vivre en paix dans un pays libre et souverain… Hommes et femmes libres, humanistes de toute notre terre, élevez votre voix pour condamner cet acte barbare… Il est temps de sortir de la logique séparant le monde en puissants et riches, en vulnérables et pauvres. Nous sommes tous citoyens de notre Terre, tous égaux, tous frères et sœurs, tous responsables de construire un avenir meilleur pour tous les enfants du monde qui nous remplaceront un jour pour perpétuer la vie sur Terre… Nous vivons au XXI^e^ siècle et les armes que les humains ont inventées peuvent détruire notre planète Terre. Comment, frère Vladimir, peux-tu jouer avec le feu en faisant l'équilibriste sur une poudrière ? Où sont passées les expériences apprises de toutes les guerres du passé ? Où donc est la sagesse des héros, des

> poètes et des écrivains qui ont défendu les idéaux de l'humanité contre la tyrannie, la barbarie et la dictature ? Puissions-nous, frère Vladimir, être plus humains, plus respectueux, plus honnêtes et plus vrais ! Seule la vérité nous rendra libres et fraternels. Comment pourrions-nous accepter la mort imposée aux soldats ukrainiens et russes. Tous ces soldats ont une famille, ont des frères et des sœurs qui vont les pleurer. Frère Vladimir, reviens dans le berceau de la famille humaine et sois un frère qui construit le bien commun et la solidarité pour les générations futures. J'ai toujours cru que tout être humain est mon frère et ma sœur. Comment te convaincre, frère Poutine, de cesser la guerre et d'arrêter le massacre de citoyens innocents. S'il te plaît, frère Vladimir, arrête la guerre, renonce à la dictature, au mensonge, aux fausses apparences et à la duplicité. »

La lettre de Pedro, les dictateurs ne la liront pas, mais il est des mots qu'il faut dire. Des mots qu'il faut crier, même si on ne les entend pas. Peut-être bien qu'un bout de conscience dans l'univers saura les entendre. C'est autrement plus important que les murs dressés par les pires courtisans des dictateurs. Quelle muraille serait assez haute pour stopper la vérité ?

Car c'est la justice qui est attaquée. Et pourtant, même s'il s'agit d'une circonstance cruelle, d'une crispation de l'histoire, d'une menace cynique contre la vie, sans la volonté de résister, rien ne vaut, même pas de prendre les armes pour lutter contre l'envahisseur. L'esprit anime la résistance des hommes et des femmes d'Ukraine au nom de la liberté et de la paix. Ils se battent par amour de la patrie, de ce qui est juste, de ce qu'on doit respecter. Sans cet esprit de résistance, sans cet amour, il serait inutile de combattre... Il serait vain de clamer que la paix est meilleure que la guerre.

Imaginons que Poutine entende malgré tout ce que Pedro lui dit. Que va-t-il penser ? *Mais quel est donc cet homme, ce petit curé qui ose s'adresser à moi, le maître de toutes les Russies ? Est-il le pape ? Mais pour qui se prend-il, est-il donc fou, pour ainsi faire la leçon aux puissants ?* Non, Votre Majesté. Mais Pedro est de la trempe de ces curés contestataires, un prêtre missionnaire qui se bat chaque jour contre la mort, celle-là même que tu sèmes ! Il est de ceux qui s'adressent toujours au prince comme s'il était leur égal... Et pourtant, Pedro est de ceux qui parlent au nom d'un Seigneur d'une autre trempe que ces puissants-là, lui qui a osé dire à César : « Mon Royaume n'est pas de ce monde ! »

Alors, oui, Pedro, le petit prêtre d'Akamasoa, ose une adresse au tsar Poutine, au nom de la paix et de l'esprit de résistance. Comme un Jean Baptiste, un Jean Chrysostome, un Thomas Beckett, il ose parler crûment, sans prendre de gants. Trop peu font ainsi lorsqu'il s'agit de défendre la fraternité universelle. Comme Pedro a raison... Vivre, c'est aller de l'avant, aller vers l'autre et non pas contre lui, c'est risquer de croire en l'autre, sinon ça n'a pas de sens. Écouter ainsi Pedro se risquer à prier un dictateur de renoncer au mal, me fait entendre Etty Hillesum, encore elle, en route vers Auschwitz, qui écrit ces mots sublimes :

« Mon faire consistera à être. »

Si la paix doit arriver, ce doit être pour de vrai et en faisant d'abord la paix avec nous-mêmes ; en « étant vrai », non en se vengeant, même contre l'Antéchrist ou le pire des salauds. Pour faire la paix, il faut dominer cette haine qui est au fond de nous et la changer en autre chose. Peut-être même en amour. C'est cela, le quotidien de Pedro. Est-ce trop demander ? Peut-être est-ce naïf ? Mais alors tous les prophètes qui s'acharnent à redresser les torts pour le bienfait des peuples sont bien naïfs. Oui, c'est trop demander à ceux qui ont choisi l'*ego* comme maître à penser et demeurent esclaves de leurs émotions primaires.

Non, décidément, il n'est pas naïf de demander à l'amour de rendre impossible tout jugement qui condamne ! Pedro proclame cela par sa vie, je le transmets par mes mots. Robert Hossein, ce fou de Dieu, disait :

« Seul le Juge éternel triera l'ivraie du bon grain… Mais rassurez-vous, le jugement de Dieu, c'est le pardon. »

Sans ce pardon à l'histoire des hommes, elle se reproduira avec les mêmes horreurs. Etty Hillesum s'écrie, face aux horreurs de la barbarie nazie :

« Le grand obstacle, c'est toujours la "représentation" et non la réalité. La réalité, on la prend en charge avec toute la souffrance, on la hisse sur ses épaules. Mais la représentation de la souffrance n'est pas la souffrance, car elle est féconde. Il faut la briser. Et en brisant ses représentations, on libère en soi-même la vie réelle avec toutes ses forces et on devient capable de supporter la souffrance réelle, dans sa propre vie et dans celle de l'humanité. »

Ce qui est extraordinaire, ce sont ces paroles. Plus extraordinaire encore, cela est écrit et médité dans le cœur de celle qui attend le départ de son train pour les camps de la mort.

« Résister, affirme Pedro, c'est d'abord un sentiment de conversion où, par une sorte d'inversion, le "Je hais" devient presque spontanément un "J'aime". Si tu pouvais laisser fleurir en toi la beauté et l'harmonie dans lesquelles baigne chaque cellule de ton corps, tu serais une parfaite illustration de ce que l'humain a de contagieux dans le meilleur. Et peut-être, à ce moment-là, pourrais-tu imaginer que l'autre dont tu pourrais croire qu'il est ton ennemi, possède à l'intérieur de lui la même harmonie. Nous sommes une partie du Tout et porter atteinte à une partie, n'est-ce pas porter atteinte irrévérencieusement et irrespectueusement au Tout ? »

Réfléchissons au fait que cet autre que nous devrions haïr, s'il agit ainsi, c'est que son chemin ne lui a pas permis d'être autrement. Résister, c'est accueillir cet autre, tel qu'il est, sans porter de jugement… Parfois, cela ne suffit pas : l'autre, emporté par sa colère et sa haine, ne peut accepter ce message, et même il injurie et menace. Alors faisons silence et respirons. À qui injurie Dieu le Père et le couvre de blasphèmes, à qui l'accuse d'être oublieux de sa souffrance, ou de la mort injuste d'un enfant, Jésus renvoie ces paroles, à l'impératif : « Bénissez ceux qui vous maudissent. »

Pedro ajoute cette étonnante parabole, digne du passionné de foot qu'il a toujours été :

« Pour gagner, il suffit de gagner un à zéro. Pourquoi, alors, vouloir écraser l'autre et lui faire perdre la face ? »

J'ai souvent songé qu'un des visages de la sagesse serait peut-être de savoir, tel un miroir, refléter une image, sans *a priori* et sans émotion. Gandhi, qui était d'une immense sagesse, avait su opposer aux Anglais sa non-violence, force pacifique qui les avait plus sûrement vaincus que des légions armées jusqu'aux dents. Cela signifie-t-il qu'il ait été mou ? Qu'il ait toléré jusqu'à l'intolérable ? Sûrement pas ! La colère est légitime devant l'insupportable, bonne devant l'injustice. On ne doit ni ne peut rester passif et tendre l'autre joue. Quand Pedro s'est emporté contre le dictateur russe, il aurait tellement voulu pouvoir le persuader de revenir sur sa décision absurde ! Il sait bien que, dans son indignation, demeure l'ombre de la dignité. Un de mes amis, le moine potier André Marie, prince de la bonté, déclarait au sujet des statues que certains voudraient déboulonner pour leurs mauvaises actions :

« Au lieu de t'indigner, si tu pouvais prendre un morceau de ce temps passé, le considérer dans ce qu'il a d'absolu et d'impermanent à la fois, tu découvrirais qu'il n'est ni d'hier ni de demain… Mais si tu prends le "maintenant" de Dieu, il comprend en Lui tout le temps de la création… Là règne la paix, car bien souvent le pardon y a fait son chemin de rédemption et ton indignation serait ridicule. Calmement alors, même au beau milieu d'une situation qui te paraît totalement abjecte, fais silence, deviens l'air que tu respires, l'eau que tu bois, la tendresse que tu aimes et tu découvriras en toi les secrets de la Vie. Tu seras l'insurgé de la vie et le résistant premier car tu vas à l'encontre du désespoir du monde, là où tu sèmes de l'espoir. »

Résister, c'est imposer le silence à son cœur quand la vengeance, la rancœur et la haine viennent réclamer ce qu'on prétend trop souvent être leur juste part. Pedro me dit que c'est possible, et j'ai le droit de le croire, je l'ai moi-même éprouvé de temps en temps. Avec mon caractère entier et bouillonnant, je suis *a priori* peu armé pour tendre la joue droite et pardonner les offenses.

Choisissons de voir le verre à moitié plein plutôt qu'à moitié vide. Sautons par-dessus l'échec. Prenons goût à la vie. « La vie c'est du champagne ! », me disait sœur Emmanuelle. Elle était capable d'en déguster les bulles dans un simple verre d'eau.

Pedro est de la même eau, celle qui oppose l'enthousiasme à la déréliction, le courage de résister à l'envie de s'enfuir. Chez lui, c'est le fruit de sa foi en Jésus.

# RÉSISTE ! CHAQUE JOUR, CHAQUE MINUTE, CHAQUE INSTANT…

Combien de journées ai-je partagé avec Pedro au milieu de la misère et de la beauté, de l'horreur et de la joie, tantôt frappé d'un coup de bambou, tantôt propulsé d'un élan d'enthousiasme ? Cela fait bien dix ans que je viens là, dans son royaume des sans voix, des sans droits, des transparents, des moins que rien. Ces mêmes gens qui sont des citoyens de leur pays au regard du droit.

Ces hommes et ces femmes, ce sont exactement les mêmes que chez nous, en France. Ils sont un peu plus noirs de peau peut-être, un peu moins bien habillés, un peu moins parfumés. Ils n'en restent pas moins beaux, ni moins dignes ni moins respectables. Ils ont droit à la parole et, quand elle vient, ce n'est pas pour ne rien dire, comme c'est trop souvent le cas chez les nantis… Même leurs mensonges ne sont pas complètement infondés. Ils leur viennent parce qu'ils n'ont rien. Ici on ment parce qu'il y a urgence : on a faim ou froid, on est malade, on souffre. Le dénuement vous pousse à mentir. La vérité serait trop longue, trop difficile à expliquer. Il n'y a pas de frigidaire à la maison. On achète au jour le jour. On ne peut pas aller au restaurant. Si on gagne l'équivalent de deux ou trois euros par jour, il faut donc trois jours pour se payer un tube d'Efferalgan qui en coûte huit !

Vivre avec Pedro, ce n'est pas comme vivre aux côtés de l'abbé Pierre ou de sœur Emmanuelle au couchant de leur vie. Eux avaient du temps. On pouvait longuement discuter avec eux. Avenir du monde, guerre contre la misère, insurrection, résistance, bonté, fraternité, espérance, amour… Avec lui, prendre du temps est beaucoup plus difficile. Il a tant de préoccupations. On peut comparer cela à un reportage de guerre. Les mots de Pedro n'ont rien de virtuel, d'aseptisé, d'intellectuel. Rien que de la chair et du sang. Ce sont des mots, des phrases arrachées au malheur qui surgit, aux urgences à traiter dans l'instant, à des problèmes qui semblent insolubles. Comment fait-il pour ne pas s'arracher les cheveux ?

Pedro parle tout en agissant, les mains noircies du cambouis de la misère humaine. Loin des préoccupations de nos pays développés comme le pouvoir d'achat. Pour ces pauvres, cette expression est inintelligible. En France, être pauvre signifie trop souvent devoir se priver du nécessaire et ne pas pouvoir boucler les fins de mois. À Madagascar, on se retrouve avec rien dès le quinze du mois, on vit au jour le jour. Et certains jours, on ne mange pas.

« Ici mon cher, on vit de rien. L'insécurité est partout, il n'y a pas d'hygiène et pas de vision ! »

On vient dire à Pedro qu'une fillette de la région est morte après avoir mangé un peu de nourriture avariée dans une gargote… Il ira prier sur sa dépouille. Hier, il a réuni les jeunes des écoles pour leur rappeler le danger de traverser la route sans prendre de précautions. Chaque mois, il y a des morts et des blessés.

« Bon sang ! Que les Européens oublient un tout petit peu leur pouvoir d'achat ! Nous sommes sur la même planète Terre... Sauf que les uns ont tout, même si l'Occident s'appauvrit, même s'il y a des pauvres dans la rue et que les autres n'ont rien. Imagine-t-on ce que c'est de n'avoir rien, RIEN ? Pas de maison, pas de voiture, pas de frigo, pas de soins... ? Ici on survit. C'est tout ce qu'on peut faire. Nous sommes tous les enfants de la planète Terre. Ni le profit ni la consommation effrénée ne sont les bons guides. Nous allons droit vers un mur. Nous sommes condamnés à partager les richesses de la Terre. Le profit, consommer toujours plus, c'est une gangrène. Ces actes dévorent l'esprit. Or, l'esprit commande tout. Il commande la justice pour tous, la dignité pour tous, le respect pour tous. »

Voilà que Pedro se tait. Une brave maman vient timidement frapper à la porte. Elle a trois filles en bas âge. Elle est malade. Elle a un bon état d'esprit, elle que son mari a quittée. Elle se bat pour ses petites. Mais là, elle n'en peut plus, elle est à bout :

« Je ne sais plus quoi faire...

— Ne te tracasse pas... On va te donner tout ce qu'il faut pour que tu vives. Tu es malade. On va te soigner ! »

Aussitôt dit, aussitôt fait. La misère n'attend pas. La faire attendre, c'est de la non-assistance à personne en danger. La misère n'a pas besoin de ces rapports de 300 pages qui, non contents de la justifier, diront aux pauvres comment faire.

« Tu vois... C'est sans arrêt... Je pourrais abandonner ces femmes et ces enfants... Elles ont déjà été abandonnées par leur mari... Il faudrait que je fasse comme eux ? »

La lassitude chez Pedro est éphémère. L'instant d'après, la voix est vibrante, l'œil est ardent, le rire sonne clair.

La vitalité, au fond, est une chose simple. Elle tient en deux mots : Combattre et résister…

Je lui demande :

« À quoi résister en premier, Pedro ? »

« … Ici et – je crois bien partout – à la corruption. Ici c'est comme une manière d'être. Une sorte d'ADN. Si tu n'es pas corrompu, tu n'es pas un malin. Ici, ceux qui viennent au pouvoir sont déjà un peu corrompus. Pas seulement ici d'ailleurs… On l'apprend sur le tas. Tu vois, je dois être un grand naïf. »

Et il ajoute, passionné et révolté à la fois :

« Je croyais que Poutine s'était fait chef de la Russie pour la réconcilier avec le monde ! Quelle erreur. C'était pour se réconcilier avec lui-même. Au fond, il est resté le môme bagarreur des rues de Léningrad qui empoisonnait la vie des siens et de ses instituteurs. Ce bonhomme a la guerre froide dans le regard. La guerre froide de la frustration. Il est passé maître dans l'art du mensonge. Il n'est entouré que par le mensonge. Même l'Église russe s'est mise à mentir comme lui. Normal, puisqu'elle ne dépend que du bon plaisir de Poutine… Vladimir, cesse cette guerre ! C'est le gamin d'Argentine qui a du sang slave et qui te parle, à toi, le môme de Léningrad…

« Dans ton nom, le suffixe “-mir” veut dire “la paix”. Je sais de quoi je parle, car je suis slave comme toi. Je suis né Slovène comme mes pères ! Vladimir, tu devrais être l'homme de la paix et non de la guerre ! … Mais non, tu es un dictateur dans l'âme. Tu préfères écraser, humilier, tu parles aux autres au bout d'une table de huit mètres. Tu emprisonnes ceux qui s'opposent à toi et tu fais passer Navalny pour un traître et un corrompu. Alors que tu es le premier corrompu et le premier traître. Traître à l'esprit ! Tu préfères Machiavel à Mandela et le mensonge à la vérité. Tu te moques de Gandhi et de sa non-violence, sauf qu'il voit clair sur ce qui t'attend... Il y a toujours eu sur terre des tyrans et des dictateurs. Pendant longtemps ils semblent invincibles et on ne peut rien faire contre eux. Mais à la fin ils finissent par tomber. Toujours... C'est ce qui t'attend, frère Vladimir, si tu ne changes pas ! »

Puis, Pedro me conduit dans sa courette et me désigne une inscription en malgache au pied d'un arbre : « Tiens, cher Pierre... Regarde ! Il est écrit : "C'est l'esprit qui fait la personne." Tu cherches une arme pour résister, la voici ! Cette arme-là peut sauver le monde ! C'est simple, non ? C'est tout de même étrange d'oublier l'essentiel ! »

Soudain, des klaxons, des sirènes un peu loin, en contrebas, sur la nouvelle rocade qui décongestionne un peu les abords de la capitale, Antananarivo...

« Excuse-moi un instant... C'est le président qui passe... J'ai pour habitude de le bénir ! »

Incroyable Pedro ! L'instant d'avant, il tonne contre tous les politiciens... L'instant d'après il bénit l'un d'entre eux. Rien de contradictoire à ses yeux : il leur dit leurs quatre vérités, mais il accorde son pardon et sa confiance. Le juste n'est pas de ceux qui condamnent. C'est un porteur d'espérance. Pour cela, il ne veut pas être seul, au risque de se retrouver impuissant. Le rôle des hommes de bonne volonté est de mener les autres à la bonne volonté.

Trois phrases encore sur les présidents corrompus d'ici, d'ailleurs et de partout, sur la foi et l'espérance à conserver.

Puis un appel depuis la porte. C'est Mlle Bao, cette femme qui l'aide à porter tous ces gens avec sa bonhomie, sa placidité, sa douce fermeté…

« Père, ce sont les jeunes de Don Bosco de Majunga… Ils veulent que vous leur parliez !

— Viens Pierre… Avec eux, ça va être encore plus clair… »

Ils sont une bonne centaine à l'attendre, des jeunes âgés de près de vingt ans. Il tonne de sa voix rugissante, leur fait un discours dont je retrace ici quelques extraits :

« Ne soyez pas des lâches ! Si moi un Blanc, un étranger, j'ai été capable d'élever la voix au nom de la vérité, alors, n'ayez pas peur ! Ayez le courage de dire la vérité ! J'ai dit ce que j'avais à dire aux politiciens, alors dites-le à votre tour. Ils n'ont aucun droit de vous faire souffrir ! Au nom de l'esprit et de la vérité… »

Revenant vers moi :

« Tu vois, Pierre, certains vont en retenir quelque chose… Mais pas tous. Tu n'as sans doute pas compris, mais j'ai aussi insisté sur le nécessaire respect de la femme… Car ce sont de jeunes hommes. Or, le respect de la femme ici passe après leur bon plaisir. Ici comme ailleurs, la femme est d'abord un objet de plaisir et eux sont des mâles. L'esprit fiche le camp… Ils sont redevenus animaux. Ici comme ailleurs, "L'animal femme" n'a pas le droit de dire non. C'est inscrit dans les mentalités. Je me bats auprès des mères pour qu'elles élèvent leurs garçons dans l'idée du respect de leurs sœurs… Cela ressemble parfois au combat de Don Quichotte contre des moulins à vent, mais je continue… Tu ne vas pas le croire, mais l'autre jour une fille a été violée… Eh bien la mère du garçon a défendu son fils en injuriant la fille pour l'avoir dénoncé ! On dirait qu'on élève les filles ici pour qu'elles acceptent la loi du mâle. Heureusement que certaines se rebiffent ! »

C'est l'heure du déjeuner... Je passe devant l'inscription au pied de l'arbre : « C'est l'Esprit qui fait la personne. » Si Pedro a fait de cette simple phrase une œuvre d'art sculptée dans la pierre, c'est qu'elle résume toute la résistance de cet homme incroyable. Je l'entends encore tonner :

« C'est l'esprit qui fait un homme et une femme. C'est l'esprit qui fait un président. C'est l'esprit qui fait le responsable, l'administrateur, le juge et le curé, le pape et les cardinaux, les démocrates et les moins démocrates, les maris et leurs épouses, les enfants et leurs parents. L'esprit et non les diplômes, le pouvoir, l'argent, le talent. Rien de tout cela. Je me fiche de ce que j'ai appris, de ce que j'ai gagné, de ce que j'ai commandé... »

Passer chez Pedro, c'est être dénudé comme François d'Assise devant son évêque, le peuple et les autorités, et repartir à neuf et tout joyeux... C'est, au fond, l'esprit ou rien.

Tout à mes pensées, j'entends des rires... Ce sont des petits enfants, deux juchés sur un minuscule quad en plastique poussés par trois autres, plus petits encore, allant à la queue leu leu... L'avenir du monde en quelque sorte. Au fond, je ne suis venu ici que pour eux, je n'écris que pour eux, je ne voyage au bout du monde que pour eux ! Sans eux, Pedro ne sert plus à rien, d'ailleurs...

# RÉSISTE À TOUT CE QUI EST LAID, COMME TU PEUX, MAIS DE TOUTES TES FORCES…

Résister, ce peut être refuser ce qui est laid afin que la Terre soit belle. L'être humain est ainsi fait qu'il aime se nourrir de ce qui caresse son *ego*. Pour cela, il est prêt à tout : au mensonge, à la trahison, au mépris de l'autre, au service de son intérêt propre. Les passions humaines – ambition, vanité, orgueil, désir, puissance – sont d'une force inouïe. On peut se contenter de les cultiver et de les vivre, d'en jouir, de jubiler, d'être une machine à conquérir, à dominer, à séduire. D'être puissant, un « *winner* ». Mais pourquoi ne pas user du choix qui nous est donné de vivre simplement pour aimer, respecter, être sensible, partager et agir pour le bien ? Notre Terre en serait-elle plus laide et moins vivable ? Non, c'est même le contraire. Que serait notre Terre s'il n'y avait pas cette liberté d'aimer ?

Il est tout de même extraordinaire que les politiciens, eux qui exercent le plus beau métier du monde, celui qui répond d'abord à une vocation merveilleuse qui est de servir le bien commun, en soient à ce point oublieux.

Nombreux sont ceux qui commencent animés par les plus belles intentions. Ils les oublient souvent bien vite. C'est si facile de mentir, de dominer, de s'enrichir… Pourrait-on s'amuser à faire le portrait politique de notre monde, en mettant d'un côté les vertueux et de l'autre les ambitieux égoïstes, qu'on verrait bien vite où pencherait la balance ! On cite souvent le cas de Pepe Mojica qui, élu président de l'Uruguay, refusa de recevoir son traitement présidentiel et d'habiter le palais qui convient à sa fonction pour rester vivre dans son humble ferme. Si son nom revient si souvent, c'est qu'on n'en a pas beaucoup à citer !

Ce constat établi, pour quelle raison des peuples continuent de vivre misérables sur des terres pourtant fertiles ? Incompétence, désorganisation, mépris des plus riches… Il y a tant de causes ! C'est aussi – et surtout – à cause d'une défaillance, d'une absence même de l'esprit. C'est cette sorte de conscience qui nous interdit de mentir, nous commande de dire la vérité à ceux qui vous accordent leur vote et leur confiance. L'esprit conduit à demeurer modeste, à penser d'abord aux autres, à ne jamais abuser de son pouvoir, à ne pas se gaver de richesses.

À quoi servent donc ces yachts innombrables, ces palais monumentaux, ces comptes en banque démesurément remplis quand le peuple russe vit de plus en plus mal ? À quoi bon visiter le pape, lui embrasser les pieds et se montrer bon apôtre aux yeux de son peuple si c'est pour l'écraser encore plus fort ? À quoi bon les apparences, les faux-semblants, la fausse gloire, les tapis rouges alors que l'urgence est là qui menace notre Terre. C'est aujourd'hui, non demain comme on le dit pour se donner du temps. La menace est pour nos générations, pas pour les générations futures. On aurait cru entendre M$^{me}$ du Barry qui monte à l'échafaud et dit à son bourreau :

« Encore un petit instant, je vous prie, M. le bourreau ! »

À qui fera-t-on croire que tous les puissants du monde, rassemblés pour évoquer les souffrances non seulement nationales mais planétaires, n'ont pas le pouvoir, ensemble, d'éradiquer les plaies dont la Terre mourra assurément : démographie insensée, très grande pauvreté, climat bouleversé, nature et écosystème menacés, féminin encore écrasé, plaie de la drogue, travail des enfants, et guerres atroces qu'on continue de mener comme au Moyen Âge. Où a-t-on lu qu'on doit tuer, écraser, massacrer ? Dans quel message, dans la bouche de quel sage ?

« Tu sais, me dit Pedro, on s'emballe, on se met en colère contre la bêtise qui commet tous ces méfaits, mais si tu veux un conseil, cultive ton humour… Il permettra à ta légitime colère de ne pas t'étouffer. Regarde bien, les réseaux sociaux véhiculent tout et son contraire… Ils permettent aussi de rire des folies qu'on nous propose et ils sont mille fois plus puissants que les journaux satiriques d'avant. Ils jouent aujourd'hui le rôle de fou du roi. Un vieux rôle que les puissants de jadis aimaient bien, par sagesse, parce que le "fou" avait le devoir de glisser au prince des vérités sous une forme drôle. »

Comme c'est vrai…

Pedro n'est pas qu'un prophète barbu, qui ne ferait qu'habiter la forme dramatique de la vérité. Il sait faire preuve de légèreté, mais c'est pour mieux dire crûment son fait à qui doit l'entendre. Cet humour n'est ni grinçant ni méchant. Il n'est pas là pour blesser, mais pour réveiller. La drôlerie, parfois, se révèle plus utile que le sarcasme ou les foudres. Ses colères sont revêtues d'une grande tendresse : sans méchanceté ni rancune, elles sont mille fois plus efficaces.

Mais Pedro ne fera jamais semblant d'être en colère car, lorsque la vérité est en jeu, il ne fait jamais semblant. Je n'ai jamais rencontré quelqu'un qui soit aussi vrai, aussi entier. Le langage populaire dirait que Pedro est « brut de décoffrage ». Avec lui, impossible de tourner autour du pot, pas besoin de se demander s'il est content ou mécontent. À le regarder, à l'écouter, vous savez. On gagne beaucoup de temps à fréquenter des hommes tels que lui.

Pourquoi pas rêver que tous les décideurs de notre monde puissent être aussi transparents ? L'humanité pourrait regarder l'avenir avec sérénité. Avoir cette simplicité exige tant de force, mais dans la vie quotidienne, c'est terriblement efficace. Cette spontanéité, cette fraîcheur sont contagieuses. Difficile de vouloir mentir à Pedro. Si certains le font encore, soit ils sont trop désespérés, soit ils sont trop cyniques.

« Tu sais, Pierre, je suis sans armes pour résister à ce qui ne va pas… »

Il rectifie aussitôt :

« Pardon ! C'est faux, j'en dispose de deux : la vérité et l'amour ! Mais comme ce sont les choses les plus sérieuses qui soient, autant les habiller de légèreté. Cela ne leur enlève rien et elles n'en sont que plus efficaces. »

Tout ceci est vrai… Je le fréquente depuis assez longtemps pour voir qu'il est capable dans tant de moments d'habiller d'anecdotes drôles les choses les plus sérieuses. Il a ce don, très rare chez un prophète, de savoir faire rire. Ce n'est pas un rôle de composition. C'est toute sa drôlerie argentine qui embellit ses mots et ses images.

Il maîtrise aussi l'art de la parabole vivante et aérienne. Son verbe est toujours concret et imagé. Il est toujours compréhensible pour les gens les plus simples, même s'il ne fait jamais de grandes envolées lyriques, son discours reste profond quand il paraît léger. Tout lui vient naturellement à l'esprit.

Je sais aussi pourquoi, à chaque fois que je l'accompagne sur un plateau de télévision, on me confie :

« Il crève l'écran, ce bonhomme ! Quel bon client ! »

En fait, il ne ment jamais. Il refuse de transiger avec ce que la vérité lui dicte. Quand il se trompe, il l'avoue aussitôt. La vérité, c'est une religion. Mieux, c'est l'Esprit ! On se convertit ou pas. Mais jamais à moitié et une fois que c'est fait, on n'y revient pas. Je lui répète ces confidences médiatiques. Il hausse les épaules et rit :

« Ils ne comprennent rien... C'est la vérité qui crève l'écran, pas moi ! »

Il aime parler du bien et du mal. Cela lui va précisément parce que ce n'est pas à la mode de parler ainsi. C'est son côté *vintage*, intemporel, latino pour tout dire. Il me fait penser à Victor Hugo, que tant de Latinos admirent et que les jeunes Français d'aujourd'hui trouvent souvent ringard. Serait-il trop lyrique, trop intense, trop en noir et blanc. S'il s'agit de *Notre-Dame de Paris*, revenue à la mode à cause de ce drame récent, appréciée parce qu'elle parle d'amours impossibles, passe encore ! Mais s'il s'agit de la lutte du bien contre le mal, rien ne va plus. Pensez à Jean Valjean contre Javert dans *Les Misérables*. Les « intelligents », à force de nuancer, d'aseptiser, de couper les cheveux en quatre, ont perdu le nord. Pedro, lui, a grandi à la façon décrite par Victor Hugo. D'un côté le bien et de l'autre le mal. D'un côté la vérité et de l'autre le mensonge. On ne transige pas avec les vraies valeurs de la vie : ou on y met l'esprit ou on ne l'y met pas. C'est un choix, comme celui d'aimer ou de ne pas aimer. On sait où on met les pieds et sur quel chemin on s'engage. Tout est clair et on remet les pendules à l'heure. À force de tout nuancer, on se perd dans un labyrinthe. On ne s'y retrouve plus.

Avec Pedro, comme avec Jésus, c'est clair : le bien est le bien et le mal est le mal. On sait où on va ! Au contraire de l'Inquisition qui brûlait les sorcières, les sectateurs de Belzébuth, les contestataires et les dissidents, avec eux c'est la persuasion, l'exemple, la contagion de l'action quand elle est vraie, bonne et belle. L'exemplarité et l'admiration sont aux yeux des orgueilleux des valeurs désuètes et rétrogrades, car elles favoriseraient l'asservissement à des faux dieux et des fausses gloires. À ces outres gonflées de vent, qui ont le derrière sur des fauteuils moelleux et le verbe haut sous les *sunlights* des télévisions, j'ai envie de répondre comme le fit Robert Badinter : « Il suffit de bien choisir ceux qu'on admire ! » Les seuls que l'on devrait admirer sont les porteurs de vérité. Qu'ils la portent au nom de Jésus, du Bouddha, de Socrate ou d'Abraham, peu importe… Pourvu que ce soit vrai, clair, intangible.

Pedro ne pétarade pas ses sentences et ses ukases du haut d'une sourde arrogance. De fait, la seule nuance entre la vérité du bien et la fausse vérité du mal, c'est que la première avance à découvert quand la seconde avance en tenue camouflée, dira Pedro. Cela donnerait-il un avantage à la seconde ? Pas vraiment : si le bien avance à découvert, il est aussi porteur de lumière, alors que le mal avance à tâtons.

Or, Pedro est un optimiste qui voit briller cette lumière, même invisible, dans le cœur de chacun, même chez le pire des individus.

« C'est un petit diamant, comme une étincelle... Il suffit de l'activer en l'arrosant comme l'arbuste que tu vois là ! Je suis un jardinier et j'arrose la plante tous les jours. C'est monotone, mais c'est le prix à payer pour que le bien soit plus fort que le mal ! »

Il lui faut une sacrée volonté pour arroser, une sacrée persévérance aussi... Osons les grands mots : Il faut une foi en béton !

« Tu veux savoir ce qu'est résister ? Tu vois les petites filles qui jouent ici ? Et les petits garçons ? Ils sont mignons et adorables, on ne peut que les aimer et c'est grâce à eux que je tiens le coup... Eh bien, dans quelques années, certains de ces garçons frapperont leur femme et certaines de ces filles se prostitueront ! Donc les mêmes qui m'ont permis de tenir le coup sont ceux qui plus tard m'achèveront... Ce mal-là avance, peut-être masqué, mais inexorable ! La consommation, l'avoir, le désir, l'envie ont un pouvoir terrible. Les garçons et les filles d'ici sont comme ceux de la ville. Que crois-tu qu'ils regardent à la télé ? *La Belle au bois dormant* ? Désolé de te décevoir : ils regardent des films obscènes et des films d'horreur ou, en tout cas, des films où on tue la bouche en cœur ! À ton avis, que regardent-ils avec envie chez l'autre ? Son esprit ? Son âme ? Sa générosité ? Non... Son téléphone s'il est du dernier cri. Ici, comme ailleurs, on consomme de la pub. Chacun en veut. Poutine collectionne les montres hors de prix et ici on louche sur les smartphones. C'est plus fort que toi, que moi, que tout. Plus fort que tout. Moi je résiste à tout ça en arrosant les plantes ! Il faut dire que j'ai un allié de choc du nom de Jésus. Impossible de perdre ! »

Pedro est un anticonsommateur, qui demeure à rebours de toutes les modes. Ce genre d'homme m'évoque l'esprit des Apôtres et des pêcheurs du lac de Génésareth, ces pauvres types qui accompagnaient Jésus et qui étaient capables d'entendre avec leur cœur le « Notre Père » et les Béatitudes. Il vit dans la simplicité absolue. Pour faire toute sa place à cet esprit, il s'est dépouillé de tout. Un peu comme les Pères du désert, qui se nourrissaient de l'esprit et d'un verre d'eau, et comme ses frères d'Akamasoa, lui se nourrit de l'esprit et d'un plat de riz. Il est vêtu de vieilles fripes, porte un tee-shirt défraîchi et un pantalon en accordéon, et s'en moque éperdument. Il ne possède aucun objet de valeur. Il a une montre pour dire l'heure, un téléphone pour répondre à qui l'appelle, des voitures d'occasion pour circuler, et une croix de métal ordinaire, mais qui à ses yeux est plus précieuse que tous les trésors du Vatican. Que dire de certains fonctionnaires de l'humanitaire qui pétaradent dans des quatre-quatre de luxe, boivent du champagne payé au prix fort, et dorment dans la soie. Ne parlons même pas de nos gouvernants ! Il faut choisir… Le bien, c'est d'abord l'exemple.

# RÉSISTE ! …
# C'EST TA SECONDE NATURE…

« Quand tu m'as proposé ce titre – *RÉSISTE !* – dans ce qui sera peut-être notre dernier livre, j'ai tout de suite adoré. Cela a le mérite d'être clair. Nous vivons au milieu de drames absolus et de défis redoutables, mais ce serait une erreur de croire que nous sommes les premiers… Toute l'histoire de l'humanité est celle des drames et de la résistance qu'on leur oppose, au moins pour la part qui relève de nous ! Il y a aussi, de fait, dans la condition humaine et le destin des peuples une part qui échappe à toute volonté. Mais au moins sommes-nous responsables de la part qui nous incombe. Grâce à la liberté de choisir la vérité contre le mensonge et l'esprit contre la possession… De choisir le bien contre le mal et l'amour contre la haine, nous avons le choix de résister ou non au rouleau compresseur de ce qui nous tire vers le bas ! Nous ne subissons pas une loi d'attraction pour nous tirer vers le bas. L'attraction doit se produire de bas en haut et non l'inverse… Je ne prétends pas que c'est une loi de la physique mais une loi de l'esprit, sûrement ! »

On peut penser comme lui, certes, mais c'est plus facile à dire qu'à faire. C'est bien joli de choisir de résister, d'en faire un style de vie et une loi de l'esprit, encore faut-il savoir comment ! Avec quels moyens ? Quelles armes ? On ne part pas en résistance la bouche en cœur et la fleur au fusil. N'est pas résistant qui veut... Il faut le vouloir en vérité. Avec ce que cela implique de sacrifices, de ténacité, d'humour et de volonté. Car si je parle de résister à la petite vieille qui vit à côté de chez moi, abandonnée par ses enfants et qui peine à subsister avec sa misérable retraite, elle me prendra pour un cinglé, au mieux pour un farceur.

Résister ? La belle affaire, quand vous devez consacrer toutes vos forces à survivre ! Pourtant, ce que fait cette dame âgée, c'est déjà résister. Résister sans le savoir à tout ce qui l'écrase. C'est tout aussi vrai du misérable de Madagascar et de tant d'autres personnes sur notre Terre : les couples qui se déchirent, les compagnes battues, les enfants qui souffrent, les femmes violées, les morts injustes d'une guerre stupide... Apprendre à résister, trouver la joie nécessaire pour le faire n'est pas facile quand vous naissez dans le malheur, que vous grandissez avec pour compagnons le dénuement et la violence. Et pourtant, il arrive parfois que ce soit depuis le fond du gouffre qu'on apprenne à résister. C'est ce qu'on appelle la résilience, mot mis à la mode par Boris Cyrulnik. Pour être honnête, apprendre à résister n'est jamais facile, dans aucun contexte. On peut, par exemple, se laisser dévorer tout cru par le succès, la facilité, le pouvoir, l'aisance ou la séduction. Naître dans la soie et le velours prépare plus aisément à s'embourgeoiser qu'à résister. Bordé par des fées qui se nomment *carpe diem* ou « jouissance », on se retrouve à faire volontiers sien l'adage des fainéants : « Qu'il est doux de ne rien faire quand tout s'agite autour de nous. »

Le danger guette, car à traverser sa vie personnelle comme dans un rêve, on finit par s'endormir pour de bon pour ne plus se réveiller (ou se réveiller *in extremis* comme l'a fait Aristote Onassis en lâchant ce mot terrible : « J'ai raté ma vie ! »). Heureux ceux qui, alors qu'ils vivaient dans l'ouate et l'égoïsme bon teint, se réveillent soudain à cause d'une chute, d'une voix, d'un livre, d'une prière, d'une grâce, d'un coup sur la tête, d'une flèche dans le cœur : ainsi saint Paul, Las Casas, Tolstoï, Charles de Foucauld, François d'Assise, ou encore l'abbé Pierre.

Pour autant, est-il besoin d'être un héros pour décider de résister ? D'être parfait pour commencer à faire le bien ? Après une enfance « normale », avec tout le nécessaire pour grandir, ce qu'il faut de joie pour s'épanouir, un peu d'amour pour apprendre à aimer, on peut apprendre à résister. Et ce n'en est pas moins beau. On peut de fait rendre sa vie comme un terreau de vérité, de partage, de générosité, un cheminement avec l'esprit. Nous sommes aidés en cela par notre caractère et notre nature, notre « bon fond », et c'est tant mieux. Je pense volontiers qu'au-delà du « bon fond » de la personne, il y a la volonté, l'exemplarité, le désir du bien, l'émotion, même si tout cela se cultive...

« Résister... Tu sais, je l'avais en naissant... Je n'ai aucun mérite... », me dit Pedro. Ce qui est exagéré :

« Ton mérite, Pedro, est de l'avoir cultivé, "arrosé" comme tu dis si bien.

— Peut-être... Disons que la terre était bonne, la bouture vivace et l'engrais de bonne qualité ! Je te l'accorde ! Mon grand-père slovène résistait aux nazis et mon père slovène à Tito. Ça crée des gènes. Mon père et ma mère ont émigré en Argentine, ils n'ont pas eu la vie facile. Mon père était un maçon qui travaillait dur. Mais quelle joie ! Nous nous aimions... Avec mes frères et mes sœurs nous

nous aimions. L'amour au milieu des siens vaut mille fois mieux que le luxe, les maisons, les voitures, les vacances de prix et les miroirs aux alouettes ! On était chrétiens non pas par l'acte au bas d'un parchemin, mais en le vivant, et chaque jour. On n'avait pas besoin de grands mots, de discours, et de tout un fatras pour vivre avec l'Évangile et la force de l'esprit. Jésus fut mon copain d'emblée, alors que je n'étais qu'un enfant… Un Jésus des origines, dans toute la simplicité des premiers temps. Être immigrés, cela doit aider à trouver plus facilement le chemin de la grotte de Bethléem qui accueillit un jour une famille d'immigrés… »

Je le comprends à cent pour cent, et par le cœur, parce que j'ai grandi dans une famille simple et aimante, avec mon enfance villageoise bordée par la nature d'un côté et le Bon Dieu de l'autre…

Bien que mal à l'aise dans les grandes assemblées, bien que préférant les messes basses aux messes chantées, je ne puis m'empêcher d'aimer les messes géantes de Pedro où près de 6 000 enfants chantent et dansent. C'est comme si, justement, Jésus s'y baladait librement en disant : « Laissez venir à moi les petits enfants ! » et « Ce que vous ferez au plus petit d'entre mes frères, c'est à moi que vous le ferez ! » Quand, lorsqu'au moment de communier, s'élève le chant guarani du film *Mission*, comment ne pas vivre ces paroles en absolu.

« Au fond toi, Pedro, à quoi as-tu résisté ? Tu aimes Jésus depuis tout petit, tu es environné d'amour, tu grandis dans la joie et le travail bien fait. Tu entres au noviciat de Saint-Vincent-de-Paul, un saint comme tu les aimes, près des petits, attentif aux plus pauvres… »

Il me coupe :

« Détrompe-toi... J'ai dû résister... Je suis entré au noviciat au tout début de Vatican II et c'était encore l'Église de la pompe, du pouvoir et de l'apparence. Pas tout à fait la mienne, comme tu peux l'imaginer, avec l'idée que je me fais de Jésus et de l'Évangile. Le pape portait encore la tiare sur le crâne, dois-je te le rappeler ! Par chance, Paul VI l'a supprimée bien vite – et il était temps. Les évêques mitrés, les cardinaux aux mules rouges, ce n'était pas trop de mon goût et eux sont toujours là... Mais il y a des gens formidables parmi eux...

— Sais-tu à quoi l'abbé Pierre comparait les mitres, Pedro ?

— Je donne ma langue au chat...

— À des bonnets d'âne !

— Tu es un iconoclaste ! Bref, j'ai commencé à travailler chez les Mapuches et les Matacos de la cordillère qui sont les plus misérables de chez nous en Argentine. Mais je n'étais pas seul, beaucoup de gens s'occupaient d'eux et puis je voulais voir la Terre, notre monde et à pied, en stop, sans le sou, dormant dans des gares, recueilli par les uns et par les autres. J'étais un affamé de découvertes... Et l'homme m'intéressait plus que les monuments... J'ai terminé à Madagascar et je n'avais pas vingt ans ! On ne peut pas dire que Madagascar soit près de l'Argentine ! Eh bien, je te le dis, ce fut un déchirement de quitter les miens. J'étais si heureux avec eux mais il y avait cet appel... Découvrir l'autre ! C'était plus fort que tout. Plus fort que la tendresse des miens, plus fort que ma joie d'être argentin et d'adorer le foot. Tu sais que j'adorais le foot... J'ai hésité d'ailleurs, j'aurais pu être un bon footballeur. Peut-être un pro, va savoir. Mais ma vocation, ce n'était pas le ballon rond mais le cœur des gens. “Tu quitteras tes père et mère pour me suivre, dit Jésus.” »

Je sais, pour avoir passé sa vie au peigne fin, combien il en a bavé, combien il a dû résister de toute son âme… Au séminaire, certains le regardaient de travers avec sa barbe (déjà) et ses cheveux longs. Il portait un faciès qui rappelait la théologie de la libération et faisait « révolté anarchiste ». Ce qui pouvait déplaire, car nombreux dans l'Église d'alors regardaient les théologiens de la libération comme des fauteurs de troubles et des semeurs d'ivraie. Il est vrai que Pedro ressemblait davantage à dom Helder Camara, l'évêque des pauvres, qu'à un séminariste propret et un brin réac…

En arrivant à Madagascar il y a cinquante ans de cela, il ne connaissait rien : ni la culture, ni les mœurs, ni la langue. Mais, avant même d'apprendre le malgache, il parlait avec les yeux et le cœur et mettait tant de cœur à l'ouvrage dans les contrées les plus misérables du centre de la Grande Île qu'il parlait déjà, comme on l'a dit à propos de l'abbé Pierre, « une langue que tous les humains peuvent comprendre » !

Les Lazaristes sont ses frères de cœur et Pedro n'a jamais abandonné la communauté qui l'a accueilli. Il est un fidèle… Mais enfin, de là à imaginer que parce qu'on est lazariste, on prend la place du galérien enchaîné comme saint Vincent de Paul, il y a un monde. Il est naturel que toutes les communautés s'embourgeoisent un tantinet en s'étoffant. Chez toutes, le temps de l'institution succède inexorablement au temps des fondations. Les fondateurs se reconnaissent-ils dans l'institution ? Pas toujours, si l'on songe au désaccord entre François d'Assise et frère Élie… Les communautés suivent le même chemin que l'Église.

Celle-ci a perdu une part de son âme en s'institutionnalisant. Si l'Église d'aujourd'hui était restée comme l'Église du Ier siècle, il n'y aurait eu besoin ni de Vatican II ni du pape François pour donner un grand coup de balai dans la curie romaine.

Évitons de condamner ce qui appartient à l'histoire. Il faut s'ouvrir au contraire, pardonner les erreurs, rectifier les parcours, se retrousser les manches et laisser à l'Esprit le soin de désencombrer Jésus et l'Évangile des traditions, des dogmes, des dorures et des fioritures. Certes, par moments, épousseter la Parole, le discours, le message, la mission oblige à se mettre en résistance, pour ne pas dire en opposition. Ainsi, en 1989, le pape Jean-Paul II vient-il à passer par Madagascar. Une petite fille misérable, à ce qu'on raconte, est montée sur l'estrade et lui a demandé une pièce de monnaie et le pape a fouillé ses poches en riant... et a finalement demandé la piécette à un des cardinaux ! Pedro, lui, a regagné Tana et sa communauté et il tourne en rond. Les rites et les obligations, les réunions, les paperasses, les codes, les coutumes, ce n'est pas trop son affaire. Il n'a jamais été à l'aise là-dedans. S'il est devenu prêtre, c'est pour suivre Jésus et l'Évangile, qui lui commandent d'aller auprès des plus pauvres, pas de passer ses journées à commenter la Bible et gérer les affaires courantes !

Comme il roule à moto, il lui est facile d'aller au milieu des gens. La misère des rues de Mada, il la connaît, car il faudrait être aveugle pour ne pas la voir. Mais un jour, on lui parle d'une colline des environs où vivent, ou plutôt survivent, des miséreux qui fouillent dans les ordures. Il ira voir. Ce qu'il voit est un choc. Ce sera son chemin de Damas, sa « seconde » conversion. Il décide que là sera sa vie. Avec eux. Pour eux. Pour leurs enfants.

Il est d'abord entré en rampant sous une bâche qui abrite une famille. Il affronte les regards soupçonneux... Que vient faire cet étranger, ici ? Que va-t-il promettre ? Pedro n'est sans doute pas le premier à promettre. Ça, promettre, c'est facile ! Tenir sa promesse est une tout autre affaire.

Autre obstacle, sa communauté se pince le nez...

« Ce n'est ni à nous ni à toi de faire ça ? C'est de la politique. C'est à l'État de s'en charger !

— Ah bon, et s'il ne le fait pas ? Que fait-on ? On les laisse mourir à petit feu ? Sans école pour les enfants ? Sans aucun soin ? Pas question ! C'est non ! »

Pedro résiste. Ce n'est pas si facile... Une communauté religieuse a un supérieur, une règle, et un frère doit obéir. Mais au-dessus de la loi humaine et de la règle religieuse, Pedro se le rappelle, il faut obéir à la loi de Dieu, la loi morale. Antigone, la première dissidente de l'histoire, désobéit à la loi de la Cité pour obéir à cette loi supérieure qui lui commande d'enterrer son frère. Même si celui-ci est mort parce qu'il s'est révolté. Pedro passe outre les commandements des hommes et de ses frères au nom de cette même loi, la même qui pousse l'abbé Pierre à quitter les Capucins pour entrer en résistance. Pedro ne quitte finalement pas sa communauté, mais fera de cette vie un acte d'amour. C'est ainsi qu'il suivra son maître, Jésus, et qu'il proclamera son Évangile. Sa voie est désormais tracée.

« Je me suis montré intangible sur deux points : je ne laisserai pas tomber mes amis sur la colline et je vivrai avec eux, car si on ne vit pas avec eux, on n'est qu'un farceur ! »

Quand il dit cela, je le prends pour moi. Un farceur, c'est en quelque sorte ce qu'est un passeur, même témoin engagé. Je vais et viens, me montre capable de petits sacrifices, passe parfois toute ma journée avec eux. Mais le soir, je rentre me coucher dans des draps propres et parfumés ! Un témoin sera toujours un peu ce farceur, même s'il n'est pas complètement inutile, et on peut le remplacer par un autre. Le combattant de l'impossible, lui, est irremplaçable.

« J'ai fait quelques concessions, ajoute Pedro : à quoi bon se couper de ses frères. Ils sont même bons et généreux. Et puis, comme curé, je dépends d'un évêque, je dis la messe. Je ne vais tout de même pas fonder une Église dissidente pour les pauvres, puisque c'est la vocation de l'Église. J'ai fait tout ce qu'on doit faire en pareil cas : je suis allé m'agenouiller devant le cardinal de Tana. Il aurait voulu que je fasse les deux : mon apostolat et les réunions à l'évêché. Je me suis un peu emporté et il n'a pas insisté. Ai-je trop élevé la voix ? Croyait-il à ce que je faisais ! Les deux, sans doute... On n'a pas créé une paroisse spéciale pour les pauvres, mais on m'a accordé une aumônerie. Cela m'allait bien. Aumônerie, paroisse... pourvu que je sois avec eux. Vraiment, nous étions très contents ! »

Quand il s'interrompt, ses silences sont plus évocateurs encore que ses paroles. Ses silences fendent l'espace et paraissent regarder l'infini : c'est alors que l'esprit rend à la parole son énergie. Même quand la parole semble légère, qu'elle est employée pour rire, pour détendre, il est toujours à l'œuvre. Une fois invité dans le cœur de l'homme, il y trouve sa meilleure place et ne le quitte plus. Il se permet toutes les audaces. Non, il ne résistera pas à moitié, ne suivra pas l'air du temps. Depuis que Pedro est là, il a résisté à je ne sais combien de présidents, de ministres, de maires et de fonctionnaires. Avec bonhomie mais fermeté.

*A priori*, il accorde sa confiance. Gare à ceux, cependant, qui le déçoivent, qui trahissent leur parole, qui mentent. Alors qu'être étranger ici devrait le rendre mesuré, modeste, effacé, il n'en est rien. C'est un citoyen de Madagascar par le cœur et même par l'âme. Il déteint avec sa blondeur, sa barbe blanche et son visage pâle, au milieu des têtes cuivrées et imberbes, mais de ce peuple, il connaît à présent la langue, les coutumes, le caractère. Il l'aime d'un amour de frère depuis cinquante ans ! On peut dire que c'est extraordinaire. Mais lui l'explique avec simplicité :

« Que veux-tu ? C'est comme ça. Je sens en moi une telle force, une force de Dieu, de l'esprit, de tout ce que tu voudras… C'est de l'ordre de l'indicible. Même mes amis les plus proches ne l'ont jamais vraiment compris en profondeur ! Pour M$^{lle}$ Bao, par exemple, qui me suit de tout son cœur et depuis le début, je suis sans doute quelqu'un de bon et généreux que ses frères ont accueilli. Et l'histoire s'arrête là. Mais non, c'est une révolution qui a eu lieu. Ici, au milieu des ordures, avec les damnés des damnés de la terre, ensemble, on a fait d'un peuple de misérables des hommes et des femmes debout ! Oh, il y en a bien qui ne le sont pas encore tout à fait et même loin de là ! C'est bien normal, parce que nous sommes 25 000 ! Ici, encore aujourd'hui, on boit, on se drogue, on viole, on vole, on bat sa femme, on oublie ses enfants. Cela arrive et tout ça me tombe dessus, chaque jour… »

Je peux en témoigner depuis dix ans : ce déluge tombe sur la tête d'un seul homme. C'est ce qui faisait dire à l'abbé Pierre :

« Auprès de Pedro, nous sommes tous des enfants de chœur ! »

C'est une avalanche permanente, quotidienne, sans repos, sans vacances. Pas de jour férié où on ferme boutique. Ici, Pedro est toujours disponible. Même s'il est visité par un président, un évêque ou une célébrité. Priorité à l'urgence, au pauvre, à la fraternité, à l'amour. Tout cela, sans effet de manches, sans en faire un plat. Je me souviens de l'abbé Pierre capable de raccrocher au nez de Mitterrand parce qu'un pauvre frappait au carreau. Je me souviens, aussi, de cette vieille religieuse, 80 ans passés, qui rentrait chez elle se reposer après 50 ans comme infirmière. Elle avait soigné les plus démunis dans la brousse malgache :

« Ma sœur, dites-moi… Comment résumeriez-vous votre vie ? »

Elle me regarde étonnée :

« Oh… Je sais pas. J'ai fait ce que je pouvais avec ce que je pensais devoir faire. »

Que voulez-vous répondre ?

Pedro parle de la force qu'il sent en lui, que personne ne peut comprendre. C'est frustrant pour l'écrivain. Cette part d'indicible est même irritante. Il faut bien s'y aventurer, malgré tout. L'auteur peut décrire un sentiment, mais il ne saura pas traduire l'immersion d'une âme en Dieu. C'est tout l'intime, l'inviolable de l'âme. Pedro reprend :

« Chaque matin, dans ma petite chapelle que tu connais, là-haut, seul, je demande : "Pourquoi suis-je ici ? Pourquoi je me suis engagé ici ? Pourquoi est-ce que je reste avec eux ?

Pourquoi ? Dois-je rester ? Dois-je partir ? Donne-moi un signe, un tout petit signe !” Alors, j’entends les enfants, ce sont eux qui me répondent : “Reste !” Alors je reste et je resterai. Pour eux. »

Je n’ai jamais vu un homme attendri à ce point quand il parle d’enfants… Il faut les voir courir vers lui, s’agripper à lui, avec cette simplicité, cette spontanéité, cette innocence qui n’appartiennent qu’à eux.

« Pour résister, si tu n’as pas l’âme d’un enfant, si l’esprit d’enfance n’est pas en toi, t’es fichu ! Et moi si je perds le contact avec eux, je suis hors sujet ! Ce n’est plus la peine de rester. »

Pour résister au pouvoir, à l’argent, à la gloire, au mensonge, à la trahison, à l’indifférence, appuyons-nous sur le regard de l’enfant. Sinon, c’est peine perdue ! Le plus souvent, la vérité à l’état brut vient de cet enfant. Si vous cherchez l’erreur, vous la trouverez chez ceux qui ont perdu leur âme d’enfant.

Le diable souffle à nos oreilles les pires cochonneries, celles qu’en des termes polis on désigne sous le terme de tentations. Il les chuchote d’une voix de miel à l’oreille de Jésus dans le désert. Un seul mot suffit à tout résumer : *avoir, avoir, avoir*… Alors que je suis perdu dans mes pensées, Pedro tonne en frappant la table d’un grand coup de poing :

« Eh bien non, non et non ! On me croit sur le départ et je suis là ! On me croit mort et enterré. Désespéré. Abandonné. Non, je me relève ! Enfin ce n’est pas vraiment moi qui me relève tout seul. C’est Jésus qui m’a pris par l’épaule et me relève ! Et voilà, c’est simple, non ? »

Non seulement Pedro résiste au rocher de Sisyphe que représente la misère, mais, pour ne pas être écrasé, il lui faut résister aux « amis » en tout genre, aux conseilleurs de tout poil, aux vocations humanitaires en herbe, aux fonctionnaires de l'aide internationale, à ces gens ignorants qu'on nomme « ceux qui savent », aux messieurs « il faut que », aux dames « vous n'avez qu'à ». Il doit affronter tous les « bons cœur », les dames d'œuvre, les destructeurs de portes ouvertes, les journalistes qui vibrionnent, les profiteurs, les acheteurs de gloriole à trois sous, les parasites. Il doit s'opposer à toutes les grandes gueules au verbe généreux, visiteurs qui font trois petits tours, crient « je vous aime ! » à tous ces pauvres gens... et puis s'en vont, à ceux qui font de belles actions en clamant leurs gestes de générosité sur tous les toits. Occupez-vous de mes amis, car de mes ennemis je me charge ! dirait la sagesse populaire.

Pedro en a soupé de ces administrateurs d'humanitaire aux noms ronflants : ONU, Unicef, Banque mondiale, et j'en passe... Tous lui ont demandé de pondre des dossiers de milliers de pages, afin d'obtenir une bien maigre somme. (Elle tiendrait dans un porte-documents.) Pour finalement l'éconduire parce qu'il manque une maigrelette pièce au dossier :

« Et pendant tout ce temps, des gens mouraient chez moi faute de nourriture, de médicaments et de mille choses. Ils sont les fonctionnaires d'une urgence qui se résume d'une formule : "Hâte-toi lentement !" On se fiche du monde... [Il s'emporte soudain.] C'est fini, fini... Vous n'aurez plus de rapports, plus rien de moi. Plus rien, plus jamais ! Fini, fini, fini... [Il s'apaise.] Mais on vous pardonne... On a commencé ici sans argent, vous savez et on a réussi. On ne relève pas l'homme à terre avec de l'argent, mais avec de l'amour ! »

# DEUX ARGENTINS QUI RÉSISTENT ENSEMBLE…

L'un est tout en haut et l'autre tout en bas. L'histoire l'a voulu ainsi et chacun des deux est à sa place pour la même cause : résister à tout ce qui avilit l'esprit et blesse l'homme… Le tirer toujours vers le haut : vers la simplicité, l'humilité, la compassion, la fraternité, l'amour. Les paroles de Jésus sont d'hier, d'aujourd'hui et de demain, puisqu'elles sont de toute éternité.

Tant d'événements sont restés gravés dans les consciences, même si on ne les a pas vécus. J'en ai peut-être raté un grand nombre, en revanche j'étais témoin quand François, le pape des pauvres, est venu dire son amour aux pauvres du père Pedro ! Quelle merveille ! Quelques années auparavant, j'étais parti en Argentine sur ses traces afin d'écrire la vie de ce pape hors du temps, puisqu'il venait de tout quitter pour sa mission nouvelle. Il venait de prononcer devant les cardinaux réunis en conclave ces mots tout simples montrant l'acceptation d'un serviteur : « Je m'appellerai François. » Un épisode m'avait remué en profondeur : la journée passée en compagnie de son « ombre » dans une *villa miseria*, un bidonville en bordure de Buenos Aires… Car elle était bel et bien là. Elle était présente parmi ces familles attendries et ces enfants turbulents. J'ai fermé les yeux et j'ai attendu François…

L'archevêque des petits arrivait à pied depuis l'arrêt de bus qui le laissait à deux kilomètres de là… Il n'avait jamais voulu de sa voiture de cardinal-archevêque. Il avançait clopin-clopant à cause – déjà – de sa hanche capricieuse, un petit cartable à la main rempli de friandises et le sourire en coin… Sa mémoire était si forte ici que, simplement en fermant les yeux, on pouvait le voir, l'entendre et même lui parler… Quelle expérience extraordinaire ! Elle apprend bien plus que les archives.

Cinq ans après Buenos Aires, me voici nez à nez avec cet homme très simple qui feuillette sa « vie », que je viens de lui remettre, en souriant avec bonhomie. Il me plaisante :

« J'espère que cela me ressemble… Pas seulement en photo ! »

Je ne sais pas si le portrait que j'ai dressé de lui lui « ressemble », mais il correspond à l'idée que je m'en fais : un pasteur proche de ses brebis au point de se sentir plus à l'aise au milieu des pauvres qu'environné de mitres et de bonnets écarlates. En le regardant bien, je me dis que l'Église a soit du génie, soit est habitée par la grâce de l'Esprit Saint pour se donner quand il le faut des pasteurs de cette trempe !

Aucun doute n'est permis : si François a accepté ce fardeau, c'est au nom des plus pauvres, comme Pedro. Pourquoi l'un et l'autre ont-ils choisi de résister à la facilité en acceptant d'endosser une telle charge ? Parce qu'ils sont « évangéliques », qu'ils vivent l'Évangile de toute leur âme. Ils ont accepté de se dépouiller comme des ermites du désert. On croirait voir les disciples qui sillonnent à pied la Galilée et la Judée pour annoncer la Bonne Nouvelle. Tout le reste, titres, fonctions, dogmes, ne sont que décorum.

Ils s'en moquent. Pedro, tout en bas, vit dans la simplicité absolue. François, tout en haut, choisit de vivre dans deux pièces ordinaires du couvent Sainte-Marthe, à l'abri de la pompe et des dorures. Il se sent d'emblée chez lui quand il pose les pieds à Akamasoa ! Un village de pauvres en Argentine ou à Madagascar, quelle différence ? La grande pauvreté est partout la même, que ce soit en Amérique latine, aux États-Unis, en Afrique, en Asie, partout.

Pour traduire le moment de grâce que vivent ces deux Argentins, comme des frères, trois images valent mieux que tous les discours : l'accueil de François par Pedro et huit mille enfants qui chantent, sa balade en papamobile dans les rues cahoteuses des villages, son discours aux tailleurs de pierre de la carrière. Bien plus d'émotions ressortent de ces moments qu'un match au Maracana ou au Stade de France, ou qu'à un concert des Rolling Stones. Cette rencontre fut incomparable. Un spectacle simple et spontané. De là où j'étais, à l'entrée du hall où Pedro célèbre habituellement la messe, je ne pouvais rien rater. François est entré clopin-clopant, souriant et offrant avec la main des volées de baisers aux enfants ! Dieu, qu'ils ont bien chanté ce jour-là ! Chanté comme jamais. Deux jours avant, j'avais vu Pedro soucieux :

« Tu sais, avec eux, on ne sait jamais ce qui peut se passer… S'il le faut, en voyant le pape, ils seront pétrifiés et ne chanteront pas ! Enfin, on verra bien ! »

Il avait tort. Remercions la grâce et ce merveilleux courant que François sait faire passer. Ces chants d'enfants de pauvres, sous le grand hall de sport qui sert aussi bien au basket qu'à la messe, c'était pur et aérien. On aurait dit le chœur des anges… Ils furent « habités » comme l'étaient sans doute les enfants guaranis qui accueillent les ambassadeurs du pape. Mais chez les enfants guaranis, c'était un chant de mort… Chez les enfants d'Akamasoa, c'est au contraire un chant de vie… Et d'espérance.

La papamobile, fabriquée, dit-on, à Madagascar, attend à la sortie Pedro… Le pape lui crie :

« Monte, Pedro ! »

Il hésite, puis saute à l'arrière. Le protocole s'arrache les cheveux, lui qui déteste l'imprévu… Tout ce qu'aiment nos compères argentins. Avec tous, je suis la papamobile à pied. Elle avance lentement. Je pense à la reine Elisabeth défilant en carrosse pour son jubilé, à l'enterrement de pauvre de mère Teresa, aux funérailles de Gandhi. Rien de tel ici. C'est un père, qui vient dire bonjour à ses enfants qu'il n'a pas vus depuis longtemps. François semble heureux comme jamais. On l'applaudit à tout rompre, on lui jette des fleurs, on crie, on chante, on prie… Le peuple est heureux. Heureux d'une visite surprise, d'une visite auparavant inimaginable.

Songez… Quand Jean-Paul II est venu à Madagascar en 1989, Akamasoa n'existait pas. Il avait célébré une grand-messe géante à Tana. Pedro y était. Il avait vu de ses yeux l'inimaginable : une petite fille en haillons tenant deux bambins plus petits contre ses hanches, ses frères, s'était avancée sur l'estrade où se tient le pape. La sécurité n'avait pas eu le temps d'intervenir. Jean-Paul II a souri. Il a pris les deux bambins dans ses bras et les a embrassés, puis il a embrassé la fillette au milieu des hourras ! C'est à cet instant que Pedro a su ce qu'il allait faire. Rien ne pourrait l'arrêter…

Cette fois, ce n'est pas eux qui vont voir le pape, mais le pape en chair et en os qui vient chez eux ! Ils se frottent les yeux... Est-ce une illusion ? Un rêve éveillé ? Le pape François, le pape des pauvres, est parmi eux. Ils peuvent même le toucher ! À force de n'avoir rien et de manquer de tout, de vivre au jour le jour, de ne rien pouvoir acheter dans un monde où tout s'achète, ils avaient fini par perdre la conscience d'être, de représenter quelque chose dans le regard d'autrui. De ne pas avoir besoin des beaux habits, d'un téléphone de prix, d'une voiture, d'un frigidaire ou d'un téléviseur pour exister. Être, c'est d'abord ne pas « être de trop ».

La grande pauvreté, ce n'est pas seulement ne pas travailler, ne pas avoir un toit, ne pas avoir de quoi manger, ne pas envoyer ses enfants à l'école, ne pas pouvoir se soigner... La grande pauvreté, c'est devenir insignifiant, n'être rien. Grâce à Pedro, depuis trente ans, ils ne sont plus insignifiants. Il les regarde comme des frères et des sœurs.

Là-haut, du village de Manantenasoa, qui s'appelait jadis « Ma colline », Pedro montre à François l'endroit où, pour la première fois, il est rentré en rampant sous la hutte misérable. Il se passe quelque chose de l'ordre du sacré : le missionnaire des exclus montre à leur pape l'origine d'une révolution, le début d'une espérance.

« Vous voyez Saint-Père, là j'ai laissé ma moto... Là je suis entré chez eux... Là j'ai embrassé l'enfant... »

Le pape a béni Pedro et l'a embrassé. Oui, un pape est venu ! Il est venu avec son humilité naturelle et nourrie de l'Évangile. Il est venu dire à ces pauvres qu'ils sont ses frères. Il le dira l'instant d'après aux milliers de travailleurs qui, pour presque rien, pour moins de deux euros par jour, viennent dans la carrière de granit accomplir un travail harassant, hommes et femmes ensemble. Pour gagner leur assiette de riz en travaillant, pour montrer l'exemple à leurs enfants qui vont à l'école comme devraient y aller tous ces enfants du monde abandonné. Ce jour-là, deux Argentins, mieux qu'avec des livres et des discours, ont montré ce qu'était résister, en étant volontaires, humbles et vrais, en inscrivant à chacun de leurs pas : « C'est l'ESPRIT qui fait la personne. »

On peut parfois s'étonner que vivre l'Évangile pose tant de problèmes et exige autant de résistance ! Il s'agit souvent de s'opposer à tout ce qui, dans la société civile et la vie de tous les jours, favorise l'égoïsme, l'appropriation, la consommation, la compétition, s'opposer à la politique menée dans un intérêt particulier. L'esprit de l'Évangile n'est pas inscrit en lettres d'or dans la nature humaine… Mais souvent, il faut combattre ceux-là mêmes qui sont chargés de le porter et de le diffuser. Les religieux sont des hommes et, comme certains hommes politiques, ils peuvent aussi le perdre par la force de l'habitude, le poids de l'institution et la griserie de la fonction. Ainsi, parfois, tous les « vivants » d'Évangile sont-ils peu ou prou des réprouvés par ceux-là mêmes qui devraient les soutenir. François d'Assise avec le pape de son temps et certains de ses frères, l'abbé Pierre avec ses frères capucins et l'Église institutionnelle, sœur Emmanuelle avec ses sœurs qui ne comprenaient pas toutes son engagement auprès des chiffonniers, et désormais Pedro. Tous ont souffert, plus qu'ils ne veulent le dire. Leur choix fait grincer des dents certaines autorités religieuses autant que les politiques.

L'Église veut bien entendre la part de l'Évangile qui s'adresse aux pauvres, mais trop souvent elle le fait dans l'ordre de la plus stricte charité. Or, ces fous d'amour qui vont jusqu'au bout de l'esprit d'Évangile, relèvent le gant, autant pour la justice que pour la charité. En cela, ils gênent parfois ! C'est dire à quel point le pape François est révolutionnaire quand il parle de décléricaliser l'Église. Quand il annonce vouloir retrouver le chemin de l'humilité et des périphéries qu'elle avait un peu perdu. La curie perd son latin et un grand vent d'oxygène secoue les couloirs du Vatican, comme cela n'était pas arrivé depuis l'Église primitive. Ainsi, l'Argentin d'en haut donne-t-il la main à l'Argentin d'en bas. Pourtant tous deux restent fidèles, ô comment ! à leur mère l'Église...

# RÉSISTE DANS LE DOUTE ET MALGRÉ LA NUIT

La grande pauvreté a ceci de particulier qu'elle ne désarme pas. Le pauvre peut connaître la joie et même se sentir dans la peau d'un privilégié lorsque le pape vient avec son bon sourire lui dire : « Tu es mon frère. » Mais à peine a-t-il eu le dos tourné, qu'eux retrouvent leur lot quotidien de drames.

La vie chez Pedro ne connaît pas de jours fériés. De même que le lundi succède au dimanche et à la messe, la joie et la paix, de même au départ du pape succède un jour ordinaire. On pourrait imaginer que le Bon Dieu lui accorde quelques jours de répit, comme à l'issue d'une célébration nationale, mais non. Pas de répit pour les pauvres. Peut-être, le soir, Pedro se sent-il terrassé et désorienté ? Dans un de ses nombreux échanges avec moi, il me confie :

« Je prie pour demander de l'aide… Que faire d'autre ? Je ne suis qu'un être humain… Je dis "Seigneur, viens à moi…" Te souviens-tu de saint Paul ? Il dit : "Laissez venir le Seigneur, C'est lui qui éclairera les secrets des ténèbres" » (1Co 4,5).

Il me dit encore :

« Parfois je ne peux rien dire, alors je regarde le tabernacle, miroir de Dieu vivant en moi, pour l'écouter… Parfois je peux parler et confier ma peine. »

Pedro, ce géant, s'avoue fragile par moments. Comme c'est rassurant pour nous tous, qui désertons le champ de bataille avant la défaite annoncée !

« Il ne suffit pas de savoir que jamais le mal ne sera extirpé : ce fatalisme conduirait à renoncer ! Cela, jamais… J'attends qu'un feu m'embrase et me dise : "Tu ne peux pas baisser les bras !" C'est tout et c'est fini. À cet instant, presque toujours, le Bon Dieu me répond dans un grand rire enfantin : celui des enfants qui jouent dans ma cour. Alors j'ai envie d'aller rire avec eux. »

Un jour, je lui demande :

« C'est quoi, l'espérance ?

— L'espérance, "c'est comparable à une graine de moutarde qu'un homme a semée dans son champ. C'est la plus petite de toutes les semences, mais, quand elle a poussé, elle dépasse toutes les autres plantes potagères et devient un arbre, si bien que les oiseaux font leurs nids dans ses branches" (Mt 13,31-32). L'espérance, c'est comme la foi ; elles ne tombent pas du ciel, elles se construisent chaque jour ! »

Sa parole est d'or. À mes yeux, avec ce qui lui tombe dessus, même une foi et une espérance en béton devraient s'effriter… Délinquance, alcoolisme, drogue, viols, femmes battues, mort… Tel est le quotidien qu'il doit combattre. Ici, un bébé est mort, puis un trentenaire en pleine force de l'âge… Là, c'est une famille voisine qui vient lui demander d'enterrer un mort au cimetière d'Akamasoa, car elle est sans le sou. Répondre à la détresse humaine, être là, encore et toujours.

Car c'est alors que la Parole se fait chair :

« Tout homme est mon frère. Tout ce que tu feras au plus petit d'entre mes frères… »

Pour beaucoup, la fraternité et l'amour ne sont que des mots. Pour d'autres, ceux dont je parle dans ce livre, ce sont des actes que traduisent des mots : l'abbé Pierre ne consentait à parler qu'après avoir agi : sœur Emmanuelle vivait dans une hutte pour cochons et écrivit ensuite ; mère Teresa ne parla de ses « nuits » qu'après avoir embrassé ses mourants ; Jorge Maria Bergoglio ne devint François qu'auprès des pauvres des *villas miserias*, expérience qui donne son poids à chacune de ses encycliques.

Après cela, faut-il s'étonner qu'ils « crèvent l'écran » quand ils s'adressent aux foules ? La « vérité » qui passe par le regard et la voix de Pedro n'ont rien à voir avec celle des discours politiques, philosophiques, journalistiques, intellectuels ou savants… C'est une vérité qui vient du fond des temps, comme une parole première issue de l'infini qui nous constitue, celle du regard de la maman qui a peur pour son enfant, du vieillard abandonné par les siens et celle de l'enfant qui soudain oublie de rire, celle de ce jeune homme qui est ivre et qui menace les siens après avoir promis de s'amender (veut-il vraiment changer ? En aura-t-il la force ?).

La vérité est dans le doute de Pedro et dans sa foi :

« Tu vois, Pierre, malgré tout le mal qui habite le monde, je vois tous les jours ce miracle de la transformation des cœurs… Saint Vincent de Paul nous dit : Laissons Dieu conduire notre petite barque, il la gardera du naufrage. »

Un autre jour, après un énième coup de gueule dont il a le secret, sa voix se fait douce pour me dire :

« Nous sommes peu de chose face à l'adversité, mais chacun peut faire beaucoup pour dénoncer les injustices et éveiller les consciences. Ayons l'humilité d'accepter ce qu'on ne peut changer et le courage de transformer ce qui est à notre portée. Ne renonçons pas quand le doute survient. Résistons au mal qui est hors de nous et au mal qui est en nous. Faisons chaque jour ce que nous espérons pour demain. N'ayons pas l'orgueil de vouloir être efficaces ; c'est une illusion. Soyons jardiniers. Lui seul féconde. »

Le quotidien de Pedro peut paraître monotone. Sa mission ressemble à celle de Sisyphe ou des Danaïdes. Ce n'est là que l'illusion des aveugles de cœur. Pour ceux qui ne veulent rien voir d'autre qu'une répétition, c'est sûr qu'il est monotone. Mais il apparaît frais et stimulant aux yeux de ceux qui devinent la part unique de l'humain et du divin qui s'aiment et se repoussent. On pourrait rester là, à décompter les crimes, les actes de délinquance, les comportements violents, les victimes de la mort. On peut aussi s'attacher à chacun comme s'il était unique.

Pedro, lui, ne compte pas… Sous chaque drame qui frappe à sa porte, se trouve un frère. Le frère universel. L'Homme, unique et irremplaçable. Cet homme n'est jamais un chiffre ou un nombre. Il est une âme. Quand je lui demande combien ont frappé à sa porte pour quelques jours, pour quelques heures, il hésite. Cinq cent mille ? Un million ? Pedro ne sait pas vraiment. Combien de morts du choléra, de la peste[1], de la Covid ? Pedro hésite encore. En revanche, il est intarissable quand il s'agit de se souvenir des malheureux qu'il a croisés, de leur visage, de leurs silences, de leur regard, de faire leur portrait, de raconter ce qu'ils sont devenus, qui est vivant, qui est mort, qui est né, qui

1. À cause de la prolifération incontrôlée des rongeurs et du manque d'hygiène, la peste bubonique fait régulièrement des ravages dans la Grande Île (N.d.É.).

s'est marié et avec qui. Le chiffre l'intéresse peu, seul l'esprit importe. Pedro, ainsi, ne s'est jamais ennuyé. Sous chaque misérable, il devine un aveugle de Bethsaïde à guérir, un paralytique à faire marcher, un Lazare à ressusciter.

Il aime regarder avec les yeux de Jésus, même s'il n'y parvient pas toujours, car Jésus est vivant dans chaque créature ! Quand je lui demande qui est Jésus pour lui, il s'emporte presque :

« Le Jésus de l'histoire… Celui des origines… Celui qui naît à Bethléem et marche en Galilée… Qui d'autre ? Sûrement pas les innombrables Jésus que l'humanité s'est plu à décrire selon son bon plaisir… Nous avons déguisé Jésus… S'il revenait aujourd'hui, il s'étonnerait devant son image… Qui est-ce donc que cet individu couvert de dorures ? Cette icône ? Ce Veau d'or ? Cette idole à adorer ? S'il voyait ce Jésus à l'américaine arrosé de spots et de sunlights, il tomberait à la renverse ou il éclaterait de rire ! Quelle plaisanterie ! Jésus c'est l'amour, c'est la croix, c'est le message. Point ! »

Pedro est le copain du Jésus de la simplicité, pas du Dieu avec la tiare. Il est le Pierre mal fringué qui pêche à demi-nu, le Jean qui ne respire qu'avec le cœur. Pedro n'écoute pas les paroles de Jésus, il les boit, les traduit parfois, mais sans discours… C'est amusant, doux et désencombré.

Nul déguisement en lui. Nul désir de séduire. La vérité, toute la vérité, rien que la vérité… On le croirait prêt à ajouter « je le jure ! » Il ne vend rien. Il donne et se donne :

« On ne doit séduire que par la vérité ! »

Chaque aube, il prie sans décorum, sans rien. Il est nu de cœur et de discours. De l'Évangile seul, il attend la beauté.

Elle n'a nul besoin de lumière puisque c'est d'elle que naît la lumière :

« Jésus me dit : Continue ton combat ! C'est tout. »

Continuer et résister, malgré cette nouvelle tragique : une femme a été assassinée ce matin… Une pauvresse qui ne demandait qu'à vivre, malgré ses chagrins :

« J'irai prier sur son corps et on ira, ensemble, l'enterrer. »

La spiritualité de Pedro ne se perd pas dans les nuages, elle est charnelle. Elle est ici dans ce bébé qui naît, là-bas dans ce vieillard qui meurt. On la retrouve dans l'assistance à la femme battue par un mari alcoolique et volage. On la découvre dans toutes ces mères courageuses, prêtes à se battre bec et ongles pour leurs enfants. Spiritualité terre à terre, mais qui monte très haut. Nul besoin d'explication. Rien à ajouter à ce que dit l'Esprit quand il est là.

« Finalement, vivre l'Évangile, ce n'est pas si fatigant, contrairement à ce qu'on pense. »

L'esprit et l'énergie ne font qu'un. Par moments, Pedro l'ardent, Pedro le géant de l'action me fait penser à un père du désert. Il est seul au milieu de la foule. En compagnie de Jésus…

# LA BOMBE DE L'AMOUR FACE À L'ENNEMI PUBLIC N° 1

Chez Pedro, la messe du dimanche est une célébration qui frappe les esprits. Je ne connais pas une seule personne qui n'ait été secouée. Imaginez cette foule immense d'enfants par milliers qui chantent et qui dansent ; sentez l'émotion profonde qui prend les cœurs les plus cadenassés ; souvenez-vous des moments inoubliables et teintés de sacré ; écoutez les homélies inspirées, bon enfant, émaillées de surprises et d'humour ; voyez la parole de Dieu qui arrive chaloupée et en cadence ; entendez les chants guaranis du film *Mission* ; contemplez l'hostie immense qui s'élève aux yeux de tous... La messe de Pedro est une œuvre d'art. Elle invite à la communion fraternelle, comme un oratorio frémissant et tendre, beauté pour les yeux et câlin pour le cœur.

Devant cette sublime eucharistie, une question me vient à l'esprit : *Pourquoi les plus pauvres n'auraient-ils pas droit à ce qui est beau ? N'y en aurait-il que pour le Vatican et les cathédrales ? Eux seuls offriraient-ils beauté et joie ?* En vérité, de la beauté, j'en ai vu beaucoup dans tellement de lieux... Mais de la joie, c'est tellement plus rare. Ce moment est parmi tous les moments, celui où la beauté ne devrait pas aller sans la joie. Pourtant, chez ces pauvres, bien moins compliqués que nous, la joie et la beauté sont sœurs. Sœurs siamoises, même. Comment accueillir la Bonne Nouvelle si on a la mine renfrognée ? Chez nous, trop souvent, c'est le cas.

Ce moment est le plus sublime qui soit. Jésus y partage le pain et le vin de l'alliance entre Dieu et les hommes, par amour. Voilà pourquoi les pauvres de Pedro ont tout particulièrement droit à une alliance célébrée dans la beauté : ils ont besoin d'amour, ils en sont affamés. Chez eux, pas de galeries d'art, de salle de concert, de salle de spectacles, d'opéra, de *Zénith*, d'*Olympia*, de Stade de France. Ils ont pour lieu de culte cette gigantesque carrière transformée en cathédrale géante à ciel ouvert. L'hostie immense, Pedro l'élève depuis un simple rocher.

Je me suis souvent demandé ce que Pedro pouvait vivre en cet instant de célébration solennelle ? Comment fait-il le vide dans son cœur pour accueillir le silence par où chemine l'Esprit ? Ce dont je suis sûr, c'est que des êtres comme Pedro ont la capacité de s'abstraire de tout, de parvenir au silence intérieur. L'eucharistie, pour lui, ne sera jamais un spectacle mais une grâce, la grâce qui fait silence au milieu des chants, la grâce qui habite en un instant le corps et l'esprit.

Pedro, soudain, ferme les yeux. Il les ferme à l'instant de renouveler le geste accompli en premier par Jésus. Il se ferme à tout ce qui n'est pas dans la sacralité de cet instant. Nul doute qu'il se trouve en compagnie des Douze au soir du sacrifice. N'allez surtout pas demander à un homme de l'Évangile s'il préfère une messe chantée à une messe basse, une célébration solennelle à une célébration intime et solitaire. À cet instant sacré, il est seul avec lui-même.

Seul, l'abbé Pierre l'était à la fin de sa vie, lui qui célébrait le sacrifice sur le bureau de sa chambrette transformé en autel. Seul, Guy Gilbert l'est sur l'herbe de la ferme de Faucon quand il ferme les yeux sous le ciel étoilé. Seul, Pedro l'est tout autant, à l'aube de chaque jour devant le crucifix. Il est seul, que les mots du rituel soient dits à voix haute ou dans le silence intérieur. Même s'il accepte ma présence, il est seul. Il ne saurait en être autrement. Il prononce ces mots qui me bouleversent à chaque fois :

« Jésus, entrant librement dans sa Passion… »

Cela voudrait-il dire qu'il se libère parce qu'il accepte, et seulement pour cela ? Accepterait-il toute forme d'injustice, de guerre, d'égoïsme humain, de trahison, de lâcheté, de mensonge… pour mieux résister ? Le faire en toute liberté ? Sans se poser de questions, comme cela vient, quand il n'accepte pas la réalité du mal, et qu'il se révolte, s'insurge, s'indigne ? Il ne sert à rien de condamner le mal. On l'accepte, pour mieux y résister. Au mal, renvoyons de l'amour, du silence. N'y répondons pas par une malédiction.

Arrêté par les grands prêtres et traîné devant le tribunal romain, questionné par Pilate, Jésus répond par le silence :

« Quant à Jésus, il se taisait » (Mt 27,14).

C'est ce que dit l'Évangile. La seule plaidoirie de Jésus est le silence.

Tout à mes pensées, je songe à la phrase inscrite dans la pierre au pied de la maisonnette de Pedro :

**« C'est l'esprit qui fait l'homme. »**

Que répondre à ceux que la piètre défense de Jésus ferait rire ? Simplement ceci :

« Folie aux yeux des hommes, sagesse aux yeux de Dieu » (cf. 1Co 1,25).

Une autre phrase me touche dans l'eucharistie :

« Sur nous tous enfin nous implorons ta bonté, Seigneur. »

Cette bonté permet d'accepter que l'autre fasse mal, parce que ses chemins de vie ne lui ont peut-être pas permis d'agir autrement. La bonté permet d'accueillir tout ce qui est, tel que c'est, sans porter de jugement hâtif. Nous ne sommes pas là pour juger les autres, mais pour les aimer.

« C'est en les aimant que tu peux espérer les changer un peu, avec l'aide de l'Esprit ! Si Dieu le veut et avec l'aide de la grâce ! » me dit Pedro.

« Aimez vos ennemis », nous dit Jésus.

Jésus n'a pas condamné les Romains. Pourtant, ils n'étaient pas bien tendres. Il a même guéri le serviteur du centurion, un geste de pardon, mais qui, aujourd'hui, l'aurait fait condamner comme collaborateur ! Pas davantage n'a-t-il condamné ses frères juifs ? Ce avec quoi il se montre intraitable, c'est avec le manque d'amour vis-à-vis des pauvres et des petits. Pedro a les pieds dans l'Évangile quand il tonne contre les indifférents, ceux que Jésus qualifiait de « sépulcres blanchis ».

L'autre Argentin, François, a les pieds dans l'Évangile quand il traite certains vieux meubles de la curie d'« Alzheimer de la spiritualité ». Il fustige l'orgueil et l'indifférence des grands, gronde l'Église incapable de supporter l'humiliation, il moque la tristesse de nos sociétés – cette gangrène –, parce qu'il veut une Église de la joie. Il veut accueillir avec affection l'humanité entière à travers chaque être humain. Il ne veut pas de cette Église coup de bâton, Église de la condamnation, Église de l'Inquisition.

Il préfère l'Église qui aime les rejetés, les laissés-pour-compte, ceux qui sont sur le bord de la route, celle qui accorde toute sa place au pardon et à la miséricorde, celle qui est libérée du fardeau de plaire au monde, qui prend des risques quitte à être accidentée plutôt que malade, qui n'est plus tiède... Lorsque les Apôtres repoussent les enfants qui l'entourent, Jésus se fâche :

« Laissez venir à moi les petits enfants... », leur dit-il.

Pedro s'est fâché quand il a vu les gardes du corps empêcher les enfants de s'approcher du pape :

« Les enfants sont mes gardes du corps... Ils seront donc ceux du pape ! »

Quelle résistance est plus forte que celles de Pedro ou de l'abbé Pierre : ils nous proposent de continuer à croire, même quand tout le monde perd espoir. Voient-ils quelqu'un distiller la haine, qu'ils supplient qu'on continue à aimer !

Construire si les autres détruisent... Aujourd'hui, en un temps où la guerre fait rage, Pedro supplie que l'on continue à parler de paix, à rester lumière au milieu de la nuit noire, et devant la lâcheté de tous ceux qui se taisent, il nous dit :

« Résiste ! »

Il faut bien tenter de faire sourire les visages en pleurs. Le « Résiste » de l'abbé Pierre et celui du père Pedro, c'est l'écho du « Lève-toi et marche ! » que dit Jésus au paralytique stupéfait. Résiste avec le sourire, avec le pardon, avec la bonté, avec l'amour...

Résister envers et contre tout, chez les hommes de cette trempe, oblige à inventer de nouvelles formes de bénédiction, avec des silences et des coups de gueule en forme de caresses. Résister, chez ces gens-là, c'est inventer un nouveau dictionnaire pour redéfinir les mots en forme de bonté et les habiller d'esprit. Acceptons, tous, de résister de cette manière, ensemble. Alors, plus de haine ni de bêtise. Un jour où il m'arrivait d'en douter plus que de coutume, Pedro me dit :

« À l'instar d'un guerrier avant la bataille, celui qui choisit de se trouver au beau milieu de ce chaos dans lequel nous vivons, n'a pas d'autre solution que d'être animé de cette énergie extraordinaire qu'est la grâce, sinon il doit fuir… Il n'y a pas d'autre issue que d'agir et de croire. »

Je comprends pourquoi il ne fuit pas. Il agit et il croit.

Résister, selon Pedro, c'est vivre au-delà des mots. Oublier les mots pour la chair, ne se servir des mots qu'à l'appui du silence.

« Dans le silence et par le silence, vois-tu, tu sais alors que ce n'est jamais gagné, mais tu sais aussi que tu ne dois jamais désespérer. Devant l'inconcevable et l'inacceptable, je n'ai jamais osé dire : "Mon Dieu, où es-tu ? Pourquoi tu as laissé faire cela, le mal ?" Jamais. Cela ne me vient pas. Le Bon Dieu m'a donné des pieds, des mains et un cœur, c'est pour qu'il agisse à travers moi ! Pourquoi accuser Dieu quand toi, tu peux agir ? Si tu ne le fais pas, c'est une trahison de l'esprit qui t'anime ! »

Amma, la sainte de l'Inde, m'avait raconté cette histoire :

« Dans un village, une statue d'une divinité la représentait les bras tendus. En dessous, ces mots étaient inscrits : *Venez dans mes bras !* Un terrible orage éclata et la foudre fit tomber les deux bras. Les villageois en furent décontenancés. Les uns proposaient d'enlever l'inscription, les autres de reconstruire les bras, quand un vieillard, passant par là, dit : "Il ne faut ni l'un ni l'autre... Laissez-la ainsi et à la place inscrivez ceci : 'Je n'ai pas d'autres bras que les vôtres !'" »

Pedro me la rappelle.

Nous continuons nos échanges entre deux sollicitations :

« Si j'avais écouté ma raison, me dit Pedro, je ne serais jamais venu ici, ou bien je serais parti en courant... Mais mon esprit, lui, me commande de rester. Alors, je résiste en donnant un coup de main au Bon Dieu ! »

Il hésite un instant, puis ajoute :

« Je ne suis pas certain d'avoir usé de ma liberté pour aller encore plus loin... Aller au-delà... Agir au-delà... »

Pourquoi lui dire que si d'autres s'étaient levés, et avaient accompli une infime partie de ses actions, ils s'en satisferaient ? Il ne comprendrait pas, pour lui, c'est comme une évidence. Cet homme ne parle que vrai, sans artifice.

« Cette liberté, on la cherche sans fin... »

Et soudain, comme fatigué d'être grave, il ajoute, facétieux :

« Enfin, pour eux, ici, ils pensent que j'en fais assez et même que je les fatigue un peu... C'est fatigant d'avoir quelqu'un sur le dos en permanence... Certains doivent penser : Mais enfin, quand va-t-il s'en aller, pour qu'on puisse se reposer ? »

Il éclate de son rire tonitruant. Intrigué par ce fameux « Esprit » qui revient à tout bout de champ et à propos de tout, je lui demande :

« Pedro, l'Esprit c'est quoi pour toi ?

— Tu y mets ce que tu veux, mon cher. Moi, c'est la parole de l'Évangile qui me transperce. C'est violent, soudain, profond et ça dure ! Que puis-je te dire d'autre ? »

Pour faire savant et contemporain, je l'invite sur le terrain de l'âme, des ondes, de la physique quantique et des énergies communicantes. À ma grande surprise, il me suit volontiers :

« Quand tu croises des ondes positives chez quelqu'un, ce peut être contagieux ! Terriblement contagieux. Cela m'est arrivé souvent… »

# SANS LA FORCE DE L'ESPRIT, TU NE PEUX RIEN...

C'est une chose d'exprimer le mouvement qui peut conduire de la colère au pardon. C'est autre chose de le vivre...

C'est autre chose, après avoir traduit la misère en mots, que de les oublier, de s'ouvrir à ces regards, ces silences, ce désarroi, cette timide espérance. C'est essayer de se mettre, ne serait-ce que le temps d'un instant, à leur place. Pedro a eu la générosité de m'autoriser cette intrusion discrète. Ainsi est née *La Cité d'Espérance.* Ce fut inoubliable, violent et révolutionnaire. Rédiger ce livre m'a marqué au fer rouge. Il a dessillé mes paupières des idées reçues, j'ai ravalé mes mots. À partir de là, tout m'apparaît plus vivant, plus charnel. Pour tout dire, c'est encore plus vrai à mes yeux, ce qui survient autour de Pedro, chaque jour... J'ai visité des morts et les ai enterrés avec lui. J'ai entendu des cris, j'ai vu couler des larmes, j'ai vu parfois la haine dans les regards, mais aussi la reconnaissance, souvent quelque chose qui ressemble à l'amour.

J'ai un peu mieux compris, compris cette maman battue, trompée, avilie et qui tenait debout quand même; cette fille enceinte et seule parce qu'abandonnée par le père de son enfant; cette famille en fuite parce que menacée de mort. J'ai mieux vu le drame de ces pauvres au seuil de la mort pour avoir mangé un reste de légumes avariés sur la décharge ; le regard de ces tout-petits venus à pied de la grande ville. Alors, oui, je comprends *vraiment* la colère de Pedro. Qu'il s'emporte et qu'il hurle : c'est sa compassion qui crie. Vingt ans qu'il fait des pieds et des mains, qu'il prie, qu'il implore pour qu'on transfère cette maudite décharge.

« Combien en faudra-t-il de morts ? Un mort pauvre, cela échappe-t-il à toute statistique ? Sauf que moi je vis au milieu d'eux et pas un de ces drames ne passe à la trappe ! »

Pedro part et repart au combat ! Que d'adversité. On s'y perd. Depuis vingt ans, combien de lettres se sont-elles perdues, de rendez-vous inutiles ont-ils été pris ? Dans ces affaires, le responsable n'est jamais soi. C'est toujours l'autre.

Assez de ces bureaux, de ces monstres froids où la vie est un patronyme, un matricule, et rien d'autre...

« Une seule vie, c'est un peu de l'ADN de la terre. Ces gens ne sont pas des numéros, mais des hommes et des femmes libres ! »

La justice, la compassion, l'amour ne perdent jamais la mémoire, ni la colère. Ne la confondons plus jamais avec la haine. La seconde est insidieuse, la première est vraie. La colère est toujours juste et sous contrôle. Pedro n'est jamais aussi vrai que quand il pousse un coup de gueule à faire entendre un sourd ou assène un coup de poing sur la table à assommer un bœuf. Aussitôt, il se calme, son regard change, sa voix s'apaise et c'est l'amour qui renaît. Il est toujours aussi vrai.

« Mieux vaut que j'aille prier », me dit-il.

Il va à côté de sa chambre, là-haut sur la Croix, ou bien à la chapelle tout à côté, voir son vieux copain, là où le Saint-Sacrement est exposé tous les jeudis. Il prie, quand d'autres vont au bistrot vider un verre... Pedro va prier, retrouver l'esprit. N'allez surtout pas lui raconter qu'il a bien de la chance, qu'il est prêtre, et que les prêtres prient à tous les coups! C'est faux. Il reste humain. Parfois ça ne vient pas... Il essaie une fois, une autre fois, encore une fois... Rien! Ça ne vient pas. La paix de l'esprit, ce n'est pas si simple. Ça bout là-dedans. Il en faut du temps pour amadouer le silence. Pourtant :

« Sans le silence, tu ne peux rien faire! Rien! »

Au moment de mourir, Jésus nous a montré le chemin du pardon, quand il dialogue avec le bon larron, crucifié lui aussi. Le voleur lui dit que c'est justice, qu'il paie ses fautes et demande pardon :

« Jésus, souviens-toi de moi, lorsque tu viendras avec ton royaume. »

Alors Jésus accomplit la justice de Dieu :

« En vérité, je te le dis, aujourd'hui tu seras avec moi dans le paradis! » (cf. Lc 23,42-43).

Ce soir-là, je ne sais pas comment Pedro a prié. J'ignore si le silence de l'infini lui est venu et s'il a été touché par la grâce du pardon. Un peu sans doute, puisqu'il me dit :

« "Ce qui m'effraie, ce n'est pas l'oppression des méchants; c'est l'indifférence des bons!" C'est Martin Luther King qui disait ça! Il en savait quelque chose... »

Il sourit, son regard est devenu doux et lumineux :

« L'autre jour, tu me parlais des Béatitudes... Rien n'a jamais été dit d'aussi beau. Mais il n'est pas suffisant d'écouter les Béatitudes : il faut les vivre. Oui, mais comment ? Un papier anonyme m'est arrivé un jour, une prière inspirée d'un texte de mère Teresa. Écoute bien ! Je le connais par cœur : “Seigneur, quand j'aurai faim, donnez-moi quelqu'un à nourrir, quand j'aurai soif, donnez-moi quelqu'un à abreuver, et quand j'aurai froid, quelqu'un à vêtir. Quand je serai dans la tristesse, donnez-moi quelqu'un à relever. Quand mon fardeau me pèsera, chargez-moi de celui des autres, et quand j'aurai besoin de tendresse, qu'on fasse appel à la mienne. Que votre volonté soit ma nourriture, votre grâce ma force, et votre amour mon repos.” Dis-moi, tu ne trouves pas ça génial ? »

Je me retiens de lui dire que cela me paraît aussi difficile que les Béatitudes originelles… Mais, mon Dieu, que c'est beau !

Voilà pourquoi il s'énerve contre l'impuissance des puissants. Cette prière devrait être leur pain quotidien, puisqu'elle parle du bien commun, non pas du leur. La politique, dans le cœur de cet homme incroyable, devrait être l'oubli de soi-même pour penser aux autres ! Mais c'est le contraire : c'est « tout pour ma pomme et rien pour les autres ! » Alors, Pedro explose.

Il leur résiste, comme l'ont fait avant lui les prophètes du peuple juif jusqu'à Jean Baptiste, il résiste avec Thomas Becket ou Thomas More. Avec tous les résistants, les *refuzniks*, les dissidents de tous pays, de tout temps. Comme eux, pour avoir le droit de dire leur vérité aux puissants, Pedro y laisserait sa tête s'il le fallait ! S'il me parle d'eux, les puissants, en toute occasion, c'est qu'il élève la politique au rang du plus grand des beaux-arts : sa mission, c'est

FIADANAN

GYMNASE AKAMASOA
ANDRALANITRA

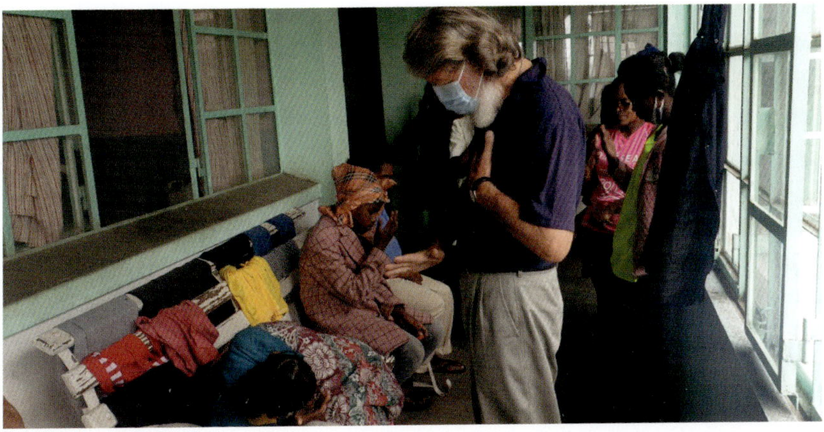

l'homme. Avec eux, Pedro commence toujours avec un peu de tendresse, mais finit par pousser un grand cri de révolte :

« Chaque jour des centaines d'enfants, de femmes, d'hommes et de vieillards viennent ici… Pour une assiette de riz, des habits, de l'argent, un toit… Tu peux, toi, garder ton calme devant cet océan de misère que la terre regarde comme les vaches regardent passer les trains… [Le ton monte] Impossible ! Je suis indigné ! Je suis révolté ! [Le ton monte encore] Je peux comprendre que la misère effraie. Mais elle n'est pas une fatalité puisqu'elle résulte de l'égoïsme. Celui des hommes et celui des États… Ceux-ci ne font rien, alors qu'ils peuvent beaucoup ! [Il frappe un grand coup de poing sur la table !] L'égoïsme d'État est une plaie, un poison, une gangrène. On se drape dans le droit de souveraineté : Ne vous mêlez pas de ce qui se passe chez moi ! Tiens donc… La belle affaire ! Le devoir de fraternité nous confère le droit d'ingérence contre la misère. L'ingérence est un droit quand il s'agit de la vie sur notre terre commune. Qu'on ne me raconte pas d'histoire ! On peut ceci… On ne peut pas cela… Balivernes ! La finance et le profit se sont bien emparés de la terre entière et on ne pourrait pas supprimer la très grande pauvreté. Il n'y aurait pas de mondialisation pour cela. La seule mondialisation qui vaille, c'est la fraternité ! Sans elle, la vie est un enfer. On ne survivra pas sur les cadavres des autres…

— Tu ne crois pas que tu vas te fiche tout le monde à dos avec tes coups de gueule ? L'air, aujourd'hui, n'est guère propice aux prophètes… Tous finissent avec une balle dans le crâne, empoisonnés sur un lit d'hôpital ou au trou et pour longtemps. Regarde Navalny… »

Cela a le don de l'énerver davantage...

« Et alors... Et si je choque, tant mieux! La seule vérité d'aujourd'hui porte le nom de fraternité. Sans elle, on est foutus! Y compris ceux qui se croient à l'abri... Espère-t-on laisser crever des populations sans qu'elles se révoltent? Dresser des murs de cent mètres de haut pour les empêcher de passer comme voulait le faire Mr Trump? Quelle illusion d'enfant! Tiens, il y a des gens qui l'ont dit encore mieux que moi, d'une manière plus policée mais tout aussi efficace. "Par le seul fait de sa naissance, tout homme devient le frère de tous les autres hommes. Lorsque par nos actes nous nions être son frère, nous nions à la fois et ce que Dieu crée et ce que nous sommes", comme le dit Madeleine Delbrêl. ... Tiens, encore, pour que tu comprennes mieux... C'est une note retrouvée dans mes papiers : "Qui ne dit rien et ne fait rien face aux massacres consent, se fait complice. Qui reste muet face aux désastres est coupable de non-assistance à enfants, à hommes et femmes en danger. Coupable de non-alliance avec autrui, de trahison de la fraternité, de reniement de l'humain. Coupable de parjure à l'amour, au respect dû à l'autre. Coupable d'indifférence à l'égard du souffrant. Coupable de ralliement tacite au mal." Et tu veux que je ne m'énerve pas? Tu me préfères découragé, peut-être? »

Pauvreté, très grande pauvreté? Misère? Cela concerne trois milliards, peut-être quatre milliards de nos frères humains... Le premier viatique pour regarder la réalité de cette gangrène en face, c'est le fait d'aller plus loin que ce simple mot : « pauvreté ». Mot plus pauvre encore que cette réalité qu'il est censé nommer. Il ne veut rien dire.

« Être pauvre », c'est une affaire de chair, de sang et de souffrance, non une alliance de voyelles et de consonnes – encore moins une définition dans un dictionnaire. Il faut le vivre ou le toucher de près pour l'expérimenter. « Être pauvre » ne renvoie ni à l'économie, ni à la société ni au pouvoir d'achat, mais à cette sorte d'infini d'apparence humaine. Tout à ces réflexions, je m'aperçois que j'ai oublié de lui demander quelque chose d'essentiel :

« Pedro… Je ne t'ai pas posé la seule question essentielle : "Un pauvre", c'est quoi pour toi ? »

Un silence. Long. Puis il commence à répondre :

« Le peu que je sais… [Silence. Encore plus long. Il n'y a plus de cris, de coup de poing, d'énervement. Il n'y a plus qu'une infinie tendresse.] Ce que c'est ? Tu n'as plus le moindre revenu. Aucun travail. Les économies sont épuisées… Cela dure un mois ou deux. On te fiche dehors de chez toi… L'errance de la rue commence… Tu finis par mendier et voler… Tu deviens un exclu. Commence alors le pire : la destruction intérieure. Une descente dans le "non-être". Cela veut dire quoi ? C'est dramatique et simple : bientôt, tu ne perçois plus d'issue. Le découragement guette. Une dose de plus et c'est le désespoir… L'angoisse tout le temps. Puis, tu t'accoutumes et c'est alors que tu descends encore plus bas : cela s'appelle la fatalité. Tu en veux davantage ? Frère Roger de Taizé n'y va pas par quatre chemins : "Être pauvre, c'est n'avoir personne sur qui s'appuyer quand tout vient à manquer." »

C'est clair et net. Un constat impitoyable. Et pourtant, je vois bien, tout de même, ces milliards consacrés à la pauvreté. Je ne peux m'empêcher de lui poser la question :

« Alors, les milliards ne servent à rien ?

— Si, bien sûr. Cet argent éloigne les famines, scolarise, soigne, loge, crée de l'emplois... Il assure les nécessités de base, mais il répond à une définition *en creux* de la pauvreté : est pauvre celui qui doit survivre au-dessous d'un seuil de minimum vital. Un minimum vital signifie un seuil de survie. Au-dessus, tu survis... En dessous, tu meurs ! Faut-il s'en satisfaire ? Ce serait une insulte à la dignité humaine. Tant que les pauvres ne seront pas acteurs de leur combat, ils survivront, tout au mieux ! Or, c'est précisément ce qui est détruit en eux : la force, la volonté, l'affectif et le spirituel. Tu pourras multiplier les milliards par dix, sans comprendre cela tu n'arriveras à rien ! Ce n'est pas qu'une simple affaire d'argent, mais d'amour. Sans cela, tu es à côté de la plaque. »

Pedro est-il excessif ? En demande-t-il trop ? Sur le fond, je trouve qu'il a raison... Il suffit de vérifier, au milieu des très pauvres, la seule vertu d'un simple sourire. La subsistance matérielle ne suffit pas, ne suffira jamais. Riches ou pauvres, sans esprit, sans fraternité, sans affection, sans compassion, sans amour, nous sommes morts. Mourir assis sur une montagne d'or, c'est pareil que succomber dans la misère. Je me souviens de ce qu'écrivait Ozanam sur le drame de l'humanité :

« La question est de savoir qui l'emportera de l'esprit d'égoïsme ou de l'esprit de sacrifice ! »

L'homme est une curieuse bestiole. Il accumule. Il est obsédé par l'idée d'en avoir toujours plus. Ce « toujours plus » est la plaie de notre Occident autant que de ceux qui sont riches dans ces pays pauvres. Toujours plus de richesses, de privilèges, de maisons, de voitures, de comptes en banque. Une femme ne suffit pas, plutôt deux ou trois, ou plus... Le riche vit en permanence dans l'obsession de ce trop-plein, alors que rien ne lui manque, sauf l'esprit... Il a si peur de n'avoir plus rien. L'abondance appelle la surabondance, celle-ci refuse le partage. Aucun mot, pour quelqu'un qui vit dans l'opulence, n'est plus horrible que le mot « partage ». Plus il a, moins il veut partager, même si ce qu'il laisse en mourant – car il mourra ! – peut faire vivre une bonne dizaine de générations derrière lui.

J'ai toujours été frappé par ces milliardaires et ces *stars* qui possèdent un ou deux palaces par continent... Où ils ne vont jamais. Vivre dans deux maisons n'est pas si facile, alors vous vous imaginez vivre dans dix ou vingt ? Pendant ce temps, des millions de gens n'ont pas de toit. L'accumulation effrénée reflète deux formes de besoins imbéciles : un vide à combler (alors que tout est plein !), un désir vaniteux d'en mettre plein la vue. Ce sont là deux passions primaires, issues d'un cerveau on ne peut plus reptilien. S'élever par l'esprit, dans ce cas, devient impossible. Primaire on vit, primaire on demeure, primaire on trépasse ! Dans le meilleur des cas, comme Onassis, on est éclairé sur l'évidence qu'on est passé à côté de sa vie. Une vie qui reste à l'état primaire, c'est l'angoisse assurée, la peur de l'autre et l'agressivité, la sécheresse de cœur : et, comme pour des plantes mortes parce que mal arrosées, la sécheresse contamine bientôt tout l'être. Sans esprit, le cœur de l'homme n'est même plus un organe, son cerveau n'est même plus une éponge. Sa sensibilité est racornie.

Depuis trop longtemps, les pieds de cette mauvaise herbe sont irrigués par l'idée que « réussir dans la vie », c'est « réussir sa vie ». La pauvreté, certes, est une prison. L'excès de richesse, elle, n'en est pas moins une, malgré ses airs de cage dorée. Pedro propose bien de partager pour s'en libérer. Ce n'est nullement pour provoquer. Mais il a compris qu'il est plus facile à l'homme de partager ce qu'il n'a pas, que de partager ce qu'il a…

Je me rappelle cette histoire hindoue qui me fut narrée par Amma :

« Un homme désire entrer en politique. "Attention, lui dit son ami, tu vas devoir partager tout ce que tu as !" "Aucun problème !" répond l'autre. "Cela veut aussi dire que si tu as deux maisons, tu devras en donner une !" "Aucun problème !" "Cela veut également dire que si tu as deux voitures, tu devras en donner une…" "Pas de problème !" "…Et que si tu as deux vaches, tu devras en donner une !" "Ah non, pas question !" "Et pourquoi donc ?" "C'est que j'ai une seule maison et une seule voiture… mais que j'ai deux vaches !" »

# RÉSISTE, PARDONNE, AIME…

Durant longtemps, le savoir ne fit pas bon ménage avec Dieu. La raison semblait ne pas s'entendre avec l'amour. Savant et croyant parlaient deux langues irréconciliables. L'esprit n'avait rien à faire avec le cerveau, la spiritualité fuyait toute analyse. C'était le temps, pas si lointain, où la science pensait encore pouvoir percer tous les secrets de la nature, présents et à venir. Or, un savant – non des moindres – osa énoncer cette vérité : l'amour était de toutes les énergies du monde celle qui recelait la plus grande force. Ce génie n'était autre que Albert Einstein. Lieserl, sa fille, confie, vers la fin de sa vie, 1 400 lettres manuscrites de son père, à l'université hébraïque de Jérusalem, demandant qu'on les rendît publiques vingt ans après sa mort. Aujourd'hui, c'est chose faite. Le résultant est stupéfiant. Dans l'un de ces écrits, Einstein confie à sa fille que l'amour est la seule et ultime réponse aux pires situations de crise :

> « Il y a une force extrêmement puissante pour laquelle la science jusqu'à présent n'a pas trouvé d'explication. Une force qui inclut et régit toutes les autres et crée même chaque phénomène qui opère dans l'univers, une force que nous n'avons pas encore identifiée.
>
> « Cette force universelle c'est l'Amour.

> « Lorsque les scientifiques étaient à la recherche d'une théorie unifiée de l'univers, ils ont oublié la plus invisible et la plus puissante de toutes les forces : l'Amour.
> « L'Amour est lumière parce qu'il illumine celui qui a donné et celui qui reçoit.
> « L'Amour est gravité, car il permet l'attirance des êtres les uns vers les autres.
> « L'Amour est puissance car il multiplie le meilleur que nous avons en nous-mêmes, et il permet que l'humanité ne s'éteigne pas dans son égoïsme aveugle.
> « L'Amour se déploie et se révèle. Nous vivons et nous mourons pour l'Amour. L'Amour est Dieu et Dieu est Amour.
> « Cette force explique tout et donne un sens à la vie. C'est le paramètre que nous avons ignoré pendant trop longtemps, peut-être parce que l'Amour nous fait peur, étant donné que c'est la seule énergie de l'univers que l'homme n'a pas encore appris à gérer à sa guise. »

Si nous ne sommes pas convaincus que l'Amour, seul, est capable de changer le monde et de s'opposer à la haine, écoutons-le donc. C'est la démonstration non d'un théologien ou d'un philosophe, mais d'un immense savant :

> « Pour donner de la visibilité à l'Amour, j'ai fait une simple substitution dans mon équation célèbre. Si au lieu de $E=mc^2$, nous acceptons que l'énergie pour guérir le monde peut être atteinte par l'Amour multiplié par la vitesse de la lumière au carré, nous arrivons à la conclusion que l'Amour est la force la plus puissante qui existe, car elle n'a aucune limite. Après l'échec de

l'humanité à utiliser et à contrôler les autres forces de l'univers, il est urgent que nous nous nourrissions d'un autre type d'énergie. Si nous voulons que notre espèce survive, si nous voulons trouver un sens à la vie, si nous voulons sauver le monde et tous les êtres vivants qui l'habitent, l'Amour est la seule réponse. Peut-être bien que nous ne sommes pas encore prêts à fabriquer une « bombe d'Amour », un dispositif assez puissant pour détruire toute la haine, l'égoïsme et la cupidité qui affligent la planète. Cependant à l'intérieur de chaque être humain, se trouve un générateur d'amour, petit mais puissant, dont l'énergie attend d'être libérée. Lorsque nous apprenons à donner et à recevoir cette énergie universelle, chère Lieserl, nous pouvons affirmer que l'Amour est toujours vainqueur, qu'il peut transcender tout et n'importe quoi, parce que l'Amour est la quintessence de la vie.

« Votre père,

« Albert Einstein. »

Cela semble évident et facile. On croirait voir un enfant construire un château de sable. N'oublions pas, cependant, que chaque grain de sable provient de rochers ou de coquillages usés par les doux frottements et les tendres caresses de l'eau. Rien ne résiste à la douceur.

De la bouche du génie et de celle du prophète, la vérité jaillit comme la source à sa naissance. C'est un éclair, une lumière... Une grâce, oserais-je dire... C'est ce qui fit dire « *Eurêka !* » à Archimède dans son bain.

Science et art se rejoignent parfois. Les deux sont habités par le génie. Sans oublier la vérité qui en découle. Ainsi d'Einstein le savant et de Marc Chagall l'artiste. Leur vérité est unique. Pour parler de Chagall, il est né dans la misère à Vitebsk, dans l'actuelle Biélorussie... Un jour, dans son école d'enfant pauvre, l'instituteur accroche sur le mur une reproduction des « Mains de Dürer ». Ces mains en prière provoquent un tel choc chez l'enfant qu'il sait désormais qu'il y aura un avant et un après. Plus jamais il ne lui sera mentalement possible de faire marche arrière. Des mains, il en avait vu pourtant... C'étaient celles d'un enfant ou d'une vieille femme. Mais suffit-il d'avoir des yeux pour voir ? Non. Il faut cette collision inattendue avec cet Autre qui, du fond du temps et de l'espace, vous donne l'usage de vos yeux. Chagall venait de naître...

Quelle est donc cette rencontre soudaine d'un Autre pour que l'abbé Pierre, mère Teresa, le père Pedro, André Marie et tant d'autres basculent dans l'Amour, le vrai, celui des pauvres et des petits, et s'interdisent toute marche arrière ? Dans quel étrange chaudron de druide sont-ils tombés ? De quelle potion magique ces irréductibles se nourrissent-ils ? Car, enfin, la misère, ce n'est pas bien attirant... Pas plus que ne le sont les larmes, l'injustice ou le mal. Cependant, voilà que le porteur de Vérité, ce Jésus d'il y a deux mille ans et qui est toujours vivant, fait de la misère, de l'injustice et du mal, des « Béatitudes. » Oui, vous avez bien entendu ! Il les présente comme le bonheur à l'état pur.

« Bienheureux vous les pauvres, vous qui pleurez, qui êtes nus... »

Ironiques riront et cyniques railleront ! Mais pour les esprits lumineux, c'est très clair : ce bonheur-là n'est pas de l'ordre de la possession. C'est tout le contraire : une dépossession de tout ce qui pourrait, en nous, entraver la joie. Elle conduit à une joie étrange, unique, révolutionnaire. Elle peut même changer le ton de notre voix devant l'injustice? Elle nous habite tout entier. Son pouvoir est tel que, soudain, celui qui l'expérimente ne se laisse plus envahir par les émotions, les raisonnements, son imagination. Même les plus hésitants n'hésitent plus...

Cette joie, on l'appelle « paix intérieure ». Les Anciens la qualifiaient du joli nom d'« équanimité ».

Einstein, Marc Chagall, l'abbé Pierre, mère Teresa, Pedro nous enlèvent tout doute. La béatitude et la paix intérieure ne font qu'un, comme l'amour et l'énergie ne font qu'un. Parlons d'un autre savant : il s'appelle Masaru Emoto, il est japonais. Il travaille sur l'énergie de l'eau. Son expérience se résume ainsi : l'eau enregistre l'énergie contenue dans les mots que nous prononçons. Saviez-vous que le mot « merci », tout simple, donne une image semblable à un merveilleux flocon de neige, teinté de bleu. On comprend pourquoi Christophe a écrit « Les mots bleus » pour évoquer l'amour... Le mot « pardon » donne une image différente et tout aussi belle...

Mais l'image donnée par l'eau à des mots durs – « tu me dégoûtes! », « je te hais! » – ressemble à une fermentation fétide. Comment douter, dès lors, que bonté et beauté vont de conserve?

Rappelons-nous que l'eau compose notre corps pour près de 80 %! Alors, quand nous disons des mots de haine, les émotions qu'ils véhiculent informent chacune de nos cellules. Répétés, ils les marquent d'une façon indélébile, fabriquent peu à peu le personnage, les font correspondre à ces mots. Ils deviennent cet habit qui fait le moine. Aucune parole de malédiction ne fera évoluer vers la paix celui qui les profère. À l'inverse, aucune parole de bénédiction ne laissera indifférent. Aussi pouvons-nous mieux comprendre où se situe l'amour, par quelle alchimie il se fait contagieux, par quel chemin il conduit les métamorphoses, surtout quand il est répété, inlassablement. L'amour le fait aussi bien dans le cœur de ceux auxquels il s'adresse que dans le cœur de ceux qui le pratiquent au quotidien. Peu à peu, j'entends mieux Pedro, la révolution qu'il opère par les mots, le regard, le geste. Bref, tout ce que l'être humain peut habiller d'amour pour rejoindre la vie tout entière.

Nouveau dimanche. Chez Pedro, c'est le centre, à travers la messe dominicale géante qu'il célèbre… Aujourd'hui, saint Paul invite chacun à la charité, qui fait fleurir le pardon. Une des plus belles illustrations en est la parabole du Fils prodigue que son père accueille (cf. Lc 14,11-31). « Mon fils que voilà était perdu, et il est retrouvé. » Au soir de sa vie, le génie de Rembrandt a saisi cette scène : le père est debout, il pose simplement ses mains sur les épaules de son fils. La main droite est douce comme celle d'une mère et la main gauche est ferme comme celle d'un père. C'est là toute l'harmonie du pardon : amour tendre et constance ferme.

« Encore faut-il que celui qui a fait le mal le reconnaisse… », me dit Pedro.

J'exprime mon désaccord. Je crois que le pardon peut être le déclenchement de la reconnaissance par l'autre du mal qu'il a fait. Pedro me reprend :

« Comment veux-tu pardonner, si celui à qui tu pardonnes se fiche de ton pardon ?

— Aujourd'hui peut-être, mais demain ?

— Crois-tu que mon frère Poutine reconnaîtra sa faute ? Demain ? Après-demain ? Jamais ? Mais peut-être as-tu raison... Ici, je pardonne tout le temps, sinon comment voudrais-tu que je reste ? L'échec du pardon, c'est la fuite assurée.

— Je le crois volontiers, car, ici, avec tous les gens qui te trompent jour après jour, si dans ton cœur tu n'avais pas pardonné, tu serais parti en courant !

— Tu dois avoir raison... me répond Pedro après un silence. Si Gandhi n'avait pas pardonné aux Anglais, c'était la guerre la plus atroce... Si Mandela n'avait pas pardonné aux Afrikaners, c'était la vengeance la plus atroce. »

Pardonner et bénir sont les deux facettes de la grâce.

> « Au réveil, dit Pierre Pradervand dans son ouvrage *Le simple art de bénir*, bénissez votre journée, elle déborde déjà d'une abondance de biens que vos bénédictions font apparaître. »

Bénir, n'est-ce pas reconnaître ce bien infini, partie intégrante de la trame de l'univers. Bien qui n'attend qu'un signe de vous pour se manifester. Comme dans *La Belle au bois dormant*, soyez ce preux chevalier qui choisit de réveiller la flamme avec un amour profond. Tous nos semblables, qu'ils soient dans la rue, dans le bus, au travail, bénissons-les ! La paix de cette bénédiction sera la compagne de leur chemin, l'aura de son discret parfum, une lumière dans les ténèbres...

Alors que je songe à comment bénir, Pedro s'interrompt soudain dans ses tâches et me montre l'exemple :

« Pardon… Il y a le président qui passe en voiture en contrebas… Il me faut le bénir ! »

Pedro passe ses journées à bénir. À pardonner aussi. Il bénit chacun : une femme saoule, un homme qui agit mal, un jeune polisson, un voleur repenti. Il bénit également l'air qu'il respire, le ciel bleu et le nuage qui l'encombre. Il bénit même la pluie, même si c'est plus dur en un moment d'intempéries ! Pradervand dit encore :

> « Bénissez ceux que vous rencontrez dans leur santé, dans leur travail, dans leur joie, leur relation au divin, à eux-mêmes et aux autres. Bénissez-les de toutes les façons convenables, car de telles bénédictions ne sèment pas seulement les semences de la guérison mais, un jour, jailliront comme autant de lueurs de joie dans les espaces arides de votre propre vie. »

*Aimer, pardonner, bénir.* L'homme a oublié cette conjugaison de forces irrésistibles. Je ne cesse de méditer sur cette façon de résister. On a fait la part trop belle à la résistance-combat. Beaucoup n'en démordront jamais, car, pour eux, « L'homme est un loup pour l'homme. » Pour eux, la vie se résume à « Attaque le premier si tu ne veux pas mordre la poussière », à « Si tu veux survivre, tue ton ennemi ! » Plus que jamais vivante aujourd'hui, cette admiration pour les « tueurs », que ce soit en politique, dans les affaires, dans le sport. Il n'est pas interdit, pourtant, de plutôt soutenir « les artisans de paix », car selon Jésus, « ils seront consolés ».

Ce n'est facile pour personne de pardonner à ses ennemis, de les bénir et de les aimer. Pas même pour de belles âmes comme Pedro. Pourtant, les deux plus beaux commandements de Jésus, ce sont ceux qui le rendent révolutionnaire, ces commandements qui font de son message le plus beau de tous : « Aimez vos ennemis, bénissez ceux qui vous maudissent ! » Ils ne sont pas signes de faiblesse, mais de force. Il s'agit de la seule manière de les vaincre, non pas provisoirement, mais de les « mettre à part », pour toujours hors de portée du mal.

Bénir, c'est inconditionnel. C'est faire du mal un relatif, de l'amour un absolu. C'est ne pas juger l'autre en face mais l'englober dans une aura de lumière, de vie. Qu'est-ce qui nous en empêcherait ? L'accusation facile des fautes de l'autre. L'excuse immédiate de nos propres erreurs. L'habillage tendre de nos plus grands défauts. Tant qu'il en sera ainsi, le cercle vicieux ne peut être rompu. C'est sans fin. Nous avons trop d'indulgence à notre égard et voyons trop souvent le mal chez l'autre, dans un jugement bien hâtif. La seule façon d'amputer ce trop de ses propres excès, c'est par ces *excès apparents* : le pardon et la bénédiction. Sans eux, tout amour est impossible. L'adage « qui aime bien châtie bien » a souvent été mal compris. Il devrait d'abord s'attaquer à notre propre *ego*.

Soit ! Mais ne sommes-nous pas au beau milieu d'une société de brutes, où des meurtres et des violences visent souvent les plus faibles et les plus petits ? Doit-on supporter tout cela sans rien dire ? Non, et il est de notre devoir de relever le mal partout où il éclot, de dire la vérité là où prospère le mensonge, de hausser le ton, d'élever la voix, de crier, de se mettre en colère ! La vérité oblige bien Pedro à taper du poing sur la table.

Mais la vérité l'oblige aussi à bénir, à pardonner, puisqu'il les aime tous. Il ne peut s'empêcher d'aimer. Au cours de toutes ces années, on lui a menti, on l'a trahi, on lui a fait du mal, on l'a mené en bateau… Trente ans qu'on continue çà et là de voler, de violer, de tuer, de boire, de se droguer, alors qu'il réclame tout le contraire ! Que fait-il ? Il crie, il tonne, il se met en colère. Puis il bénit, il pardonne et chaque jour il aime un peu plus. Pedro me partage cette parole du cœur :

« Sois bénédiction, alors tu traiteras la brute avec douceur et tu retireras à la haine sa violence… Si tu traites avec compassion le criminel, c'est à la tolérance que tu offres la victoire. Si tu traites le méchant avec douceur, c'est toute la bonté du monde que tu réveilleras ! »

Oui, bénir, c'est une manière de ne pas accepter la laideur, la plus élégante façon de construire un barrage entre le mal et nous-mêmes. Notre âme est en sevrage si nous ne la nourrissons pas d'élégance, de bienveillance, de poésie et de cet essentiel divin, indicible. Bénir, c'est comme un sauf-conduit qui permet de traverser le mal sans encombre. Bénir et pardonner, ce sont des occasions uniques de ne pas réactiver les blessures. Faire que le mal n'existe plus.

# RÉSISTE, APPRENDS À VOIR LE MAL GRÂCE À L'ESPRIT !

Bien sûr qu'il est des situations si dramatiques, si inacceptables, si indignes de la condition humaine, qu'il faut agir en accord avec sa conscience. Dans l'esprit même de l'Évangile, une certaine forme de violence est acceptable. Celle qui nous vient des viscères, cette énergie qui conduit à défendre la veuve, l'orphelin, le faible, le petit, le désarmé... Pedro ne dit-il pas :

« Nous n'avons pas le droit de demeurer indifférents devant le mal et ce qui est particulièrement indigne. Nous ne pouvons rester passifs devant ce qui est inhumain. Nous devons réagir. »

Il ajoute aussitôt :

« Gardons-nous d'une réaction, d'une surréaction qui provoquerait un déséquilibre, qui nous ferait entrer, nous aussi, dans l'injustice. »

Dans son merveilleux texte *Sagesse d'un pauvre*, le franciscain Éloi Leclerc nous demande ceci :

> « Apprendre à voir le mal et la faute comme Dieu les voit. Cela précisément est difficile. Car là où nous voyons naturellement une faute à condamner et à punir, Dieu, lui, voit tout d'abord une détresse à secourir. Le Tout-Puissant est aussi le plus doux des êtres, le plus patient.

> En Dieu, il n'y a pas la moindre trace de ressentiment. Quand sa créature se révolte contre lui et l'offense, elle reste toujours à ses yeux sa créature. Il pourrait la détruire, bien sûr. Mais quel plaisir Dieu peut-il trouver à détruire ce qu'il a fait avec tant d'amour. Tout ce qu'il a créé a des racines profondes en lui. Il est le plus désarmé de tous les êtres en face de ses créatures, comme une mère devant son enfant. Là est le secret de cette patience énorme qui parfois nous scandalise. »

Je vois Dieu comme un divin sculpteur qui reprend son œuvre, encore et encore, pour la rendre parfaite. S'il y voit un défaut, il n'accuse pas, car ce n'est pas la faute de la statue. Il se remet patiemment à l'ouvrage, creuse, sculpte à nouveau, jusqu'à ce qu'il soit parfait…

Bien sûr, nous ne sommes pas Dieu, mais ne sommes-nous pas faits à son image ? C'est bien là notre profession de la foi, non ? Alors, oui, résistons ! Opposons-nous au mal !

Résistons de toutes nos forces à la violence. Combattons la fadeur ambiante, une forme de violence particulièrement pernicieuse. Quand Dieu, sur le mont Horeb, veut se révéler au prophète Élie, celui-ci ne le découvre ni dans le tremblement de terre, ni dans la tempête, ni dans l'orage tonitruant. Mais lorsqu'il entend « le souffle d'une brise légère », « le doux bruit d'un silence », c'est alors qu'il comprend que Dieu est passé.

Souvent, Pedro me dit :

« Il ne faut pas être violent, mais il faut être tenace ! »

La violence est un spasme, un éclair, un cri… En cela, elle ne saurait durer, surtout quand la ténacité et la patience ne font qu'un. L'homme insatisfait de son œuvre peut la briser, tout jeter au feu, comme le fit Bernard Palissy avec sa faïence. Mais il peut aussi la reprendre, la corriger, y ajouter une pincée de tendresse, lui adresser quelques regards d'amour.

Les plus grandes métamorphoses sont conséquentes à la ténacité, non à la violence ou à l'impulsivité. Si Pedro avait voulu assommer chacun de ceux qui ont répondu à sa main tendue par un refus ou un croc-en-jambe, il ne serait plus là. Surtout, il nierait en absolu ce qu'il est venu faire. Il ne fuit pas, simplement parce qu'il tient le coup, qu'il est tenace !

« Cela prendra le temps que cela prendra, mais au bout de la course l'Amour gagnera. Il gagne toujours ! »

Cela me rappelle Gandhi à propos du mal :

> « Bien sûr qu'il y a sur terre des tyrans et des dictateurs. Un temps ils peuvent paraître invincibles, mais à la fin ils finissent toujours par tomber. Toujours ! »

Souvenons-nous d'Einstein… Toute solidarité, toute fraternité s'accompagne de ténacité. Commencer, recommencer avec un entêtement empli d'amour.

> « Hâtez-vous lentement, et sans perdre courage
> Vingt fois sur le métier remettez votre ouvrage,
> Polissez-le sans cesse, et le repolissez,
> Ajoutez quelquefois, et souvent effacez. »

Voilà ce que disait Boileau dans l'*Art poétique*. Quand je lui dis cela, Pedro éclate de rire…

« Les poètes sont décidément les seuls qui disent la vérité ! Ils sont des voyants ! L'artiste doit être tenace pour parvenir à la beauté, le chercheur doit l'être pour trouver la solution au problème. Moi qui ne suis ni artiste ni savant, seule la prière m'aide à être tenace. »

Le mot qui exprime le mieux la ténacité est « encore ». Un mot que nous accompagnons souvent d'une grimace… *Encore une fois… Encore celui-là…* Cela peut paraître poussif et laborieux. Pourtant, c'est bien le mot le plus artistique qui soit. C'est bien de lui que je puis faire naître ce sourire merveilleux.

Je crois bien que seuls, nous ne pouvons rien faire d'autre que de patiner sur place, insatisfaits, parfois mécontents ou un tantinet désabusés. Ce doit être pourtant la preuve d'un véritable appel, d'une réelle vocation que de trouver cette grâce qui parfois, envers et contre tout, encore et encore, permet de continuer avec cette ténacité qui ne lâche pas. Le mot « ténacité » ne vient-il pas du verbe « tenir ». Comme très souvent « avec la grâce de Dieu », ainsi que disaient les anciens.

J'ai suivi l'abbé Pierre durant vingt ans… Je l'ai observé dans des centaines de situations. Il ne m'est jamais apparu aussi actif et résistant que lorsqu'il se trouvait vers la fin de ses jours à la Halte d'Emmaüs, à Esteville en Normandie où vivaient une trentaine de compagnons âgés ou handicapés…

« Ce n'était pas pour me mettre à la retraite, m'avait-il dit… Ici, pas de salles où sont assis des vieux inoccupés ; c'est une maison active. Comment ne pas être actif au milieu de cette collectivité bourdonnante ? Et comment ne pas être au cœur de cette communauté d'hommes et de femmes aux gestes fatigués qui continuent à vivre l'idéal du partage : le verbe aimer ne vieillit pas ! » La lampe baisse, mais la lumière ne vacille pas, surtout si elle est intérieure. C'est cette lumière qui nous éclaire, qui nous fait découvrir l'autre, ses besoins. Qui nous donne le courage d'agir. Être tenace, résister face à l'injustice tenace… « Tenir : ne pas calculer le chemin qui reste à faire, avancer un pas devant l'autre, et ce résolument. » Si vous me permettez une telle définition. Tenir, sans penser à hier ni au lendemain.

Pedro a fait sienne cette façon de résister et de tenir, il a fait sien le regard de l'enfant, son « garde du corps ». J'ai envie d'ajouter : « et gardien de son âme ». Perdre son regard d'enfant, c'est ne plus voir que chaque sourire *espérance* le monde, que chaque pardon en annule la désespérance. Que chaque pas nous rapproche du but. Sans pardon au mal et à la laideur, il n'est pas de résistance valable. N'y aurait-il que des provocations qui mènent à des révolutions destructrices. Sans le ressourcement permanent et quotidien dans la prière, qui est amour, Pedro ne serait plus. Il serait un agent de l'humanitaire. Mais il ne le sera jamais.

Une des paroles les plus simples et profondes qu'il m'ait dites, c'est celle-ci :

« C'est au plus profond de nous-mêmes, là où la force et l'Esprit de Dieu se manifestent, que nous pouvons aller chercher cette volonté inébranlable et ce courage qui nous permettent sans cesse d'aller de l'avant.

« Ce n'est pas moi qui aime, c'est Jésus qui aime en moi », me répète-t-il souvent, comme s'il lui semblait que je ne le comprenais pas.

Un jour, Pedro me semble d'excellente humeur. Je lui hasarde ce morceau d'Évangile à ma façon, un peu provocateur :

« Bonheur à toi, cher Pedro, si on dit toutes sortes de maux contre toi à cause de moi, car ta récompense sera grande dans les cieux. »

Il sourit, reste silencieux. Mais, quelques jours plus tard, j'admirais l'un des murs de clôture du village d'Akamasoa dressé voici peu, encore enduit de ciment frais. Se souvenant sans doute de ma phrase restée sans réponse, il me dit en souriant :

« Pierre, c'est peut-être sur ce mur-là qu'un jour quelqu'un écrira : “Pedro, il faut t'en aller maintenant ! »

Je me récrie… Il me répond, avec un sourire cette fois un peu forcé :

« J'irai aimer ailleurs ! Ou alors je resterai là dans une petite cahute un peu éloignée, en ermite du désert, comme tu me l'as souvent suggéré ! Je n'embêterai plus personne et je continuerai de les aimer en silence. Regarde Benoît… Il est bien resté au Vatican, mais en retrait, il n'embête plus personne ! Il vit et il écrit, mais en retrait. Tu sais, je ne me suis jamais imaginé en terre conquise. Rien n'est définitif. C'est comme avec le temps, un jour il pleut, un autre jour il fait soleil… C'est un éternel mouvement. Tout bouge et change. C'est la loi de la vie. Mais ce qui ne doit pas changer, c'est l'esprit. C'est lui qui te garde vivants ta force et ton esprit de fraternité. »

Ce qu'il dit là est si beau. si vrai. Ces mots n'appellent aucune réponse… Cela me renvoie à une de ses confidences parmi les plus fragiles et humaines qu'il m'ait consentie :

« Nous sommes tous des êtres humains, des frères, de passage sur cette terre. Une vie, dans l'espace et dans le temps, nous a été donnée comme un cadeau. Notre nature est de la vivre en faveur des autres. »

Résiste ! Mais n'oublie pas que cet acte n'a de prix qu'au nom des autres, non pour toi-même et tes intérêts propres !

# NE SOIS PAS VIOLENT… RÉSISTE PLUTÔT !

La vérité est souvent simple. Ainsi, j'aime beaucoup ce qu'écrit Nicolas Ragu dans *Une valise à la main* :

> « Mon épicier est maghrébin, mon boucher vient d'Alger, mon cantonnier est togolais, mon pull est turc, mon jean est tunisien, mes chaussures chinoises, ma berline est allemande et mon carburant ottoman. »

C'est peut-être cela, l'humour : un regard daltonien qui pourrait nous permettre de ne pas faire le tri et de tout prendre avec le sourire. Même si de toutes ses forces on résiste à l'ignominieux « droit de blasphémer », on doit l'associer au « devoir de respecter ». Toute résistance, pour être valable et rester dans le possible de l'humain, doit avoir ses limites, sinon elle desservira la cause qu'elle prétend servir. Le père André Marie, ce découvreur de joyaux, m'a un jour confié ce merveilleux texte de Jeff Foster. Que nous dit-il ? Une chose vraie : le plus souvent, les raisons de nous indigner s'annihileraient d'elles-mêmes si nous pouvions en démonter les articulations et les rebrancher dans le bon sens :

« Quand quelqu'un t'insulte, te réduit à une chose… Quand quelqu'un te donne un conseil que tu n'as pas demandé… Quand quelqu'un te rend responsable de sa douleur… Quand quelqu'un ne t'écoute pas et parle sans arrêter de lui-même… Quand quelqu'un te compare aux autres… Quand quelqu'un ignore, invalide ou juge tes pensées et tes sentiments… Arrête-toi et respire… Reconnais que c'est leur douleur et non pas la tienne… Reconnais qu'ils sont en train de rêver le seul rêve qu'ils peuvent rêver jusqu'à ce qu'ils se réveillent… Reconnais qu'ils ne te connaissent pas, mais seulement à leur fantaisie… Peut-être ont-ils du mal à s'aimer eux-mêmes… Peut-être cherchent-ils leur valeur à l'extérieur… Peut-être sont-ils déconnectés de la respiration, de leur corps, de ce qui est vivant et précieux en eux, de leur véritable vocation… Peut-être vivent-ils dans un monde dualiste de bons ou mauvais, de vrais ou de faux, de succès ou d'échecs… Peut-être ont-ils oublié la simple joie d'être… Peut-être que tu comprends cela… Peut-être as-tu été là où ils en sont… Ne cherche pas à les changer maintenant. Peut-être ne changeront-ils jamais. Ne cherche pas à les corriger. Ils n'ont pas demandé à être corrigés. Plus tu les pousses, plus ils te repousseront. Ne te laisse pas prendre dans leur tissu de peine. Vois clair… Aie même de la compassion, mais ne les pousse pas. C'est OK, qu'ils soient contrariés et vraiment, donne-leur de l'espace pour être contrariés. C'est OK qu'ils soient déçus par toi. Donne-leur de l'espace pour être déçus. […] laisse ces précieuses énergies être lavées à travers toi. Elles ne te feront pas mal si tu leur permets de bouger… Oui, tu rencontreras beaucoup de gardiens

> dans ce voyage. Continue ton chemin quand même et permets aux autres de pouvoir suivre le leur. Tu n'as pas besoin de justifier ton chemin ni de le défendre. Reste proche de toi dans ces moments éprouvants, ne combats pas l'obscurité, de toute façon, elle n'a jamais de pouvoir. Seulement, augmente ta lumière… »

C'est comme un écho de ce combat quotidien du pape François et de Pedro, deux Argentins qui désirent une Église qui ne voie pas les petitesses, mais qui regarde vers l'horizon. On croirait que ce texte est une citation de leur cru.

Résister, c'est avoir ce regard-là. Accepter le combat. Il est, certes, des lois naturelles auxquelles il est impossible de résister : l'attraction terrestre, d'abord, sans laquelle nous serions inexorablement avalés dans le vide du cosmos. Mais c'est si beau de savoir que tous les humains sont inexorablement attirés par le même point : le centre de gravité de la terre.

Mais en aucun cas, les ténèbres ne peuvent résister à la lumière : elle les dissipe instantanément… Si nous nous appliquions ces lois à nous-mêmes, nous découvririons qu'aucune haine ne peut résister à l'amour, au pardon, à la douceur, à la bienveillance, à la bénédiction. Toutefois, même si ce sont les plus belles qualités de notre humanité, ce n'est pas en les imposant que nous pouvons gagner le combat. Comme lorsqu'on veut démolir un mur : on le fait par le haut, pierre par pierre, délicatement, sinon on risque de blesser.

De même, plutôt que de « s'attaquer à », il faudrait « résister à ». Inutile de s'attaquer frontalement à la violence sans engendrer une violence plus grande encore, car si l'autre est en colère, il a ses raisons. Peut-être ne nous sont-elles pas bonnes, peu importe. S'opposer à quelqu'un par la violence serait, à ses yeux, s'attaquer à toute sa personne. Dans ce cas, aucune paix n'est possible. Le plus souvent, mal parler laisse supposer qu'on a mal, qu'on a été blessé. Or, une blessure reste à vif très longtemps, les blessures de l'âme en particulier, qui brûlent à vif. La pauvreté n'est pas que matérielle, elle blesse aussi le corps et l'âme. Être pauvre, c'est être cabossé de partout, avoir mal partout, éprouver un mal-être généralisé, une langueur qui jamais ne s'achève. Face à ces plaies douloureuses de la vie, la compassion permet à celui qui les voit de ressentir ce mal à son tour, avec une acuité plus particulière.

Pedro le sait mieux que nous. Il voit pourquoi telle blessure est plus vive chez l'un, plus durable chez un autre, pourquoi une blessure anodine à nos yeux peut achever l'homme qui l'endure. Quand nous discutons, Pedro me dit être impressionné par le silence et l'acceptation de Dieu face à nos erreurs, nos égarements et nos crimes.

Et nous voudrions, nous les nouveaux Prométhée, prétendant chaque jour découvrir le feu, changer les autres et changer le monde d'un coup de baguette magique ? Pedro, je le comparerais à un jardinier de l'âme. Ce passionné de Jésus a quelque chose du Bouddha ou de Confucius en lui. Il m'arrive souvent de m'impatienter à sa place, comme le *quidam* le ferait. Il calme mon impétuosité de corsaire d'une voix douce :

« Nous ne sommes pas sur terre pour changer les autres, mais pour les aimer. L'Amour, dit Dante, est la plus grande des énergies cosmiques et elle est dans tous les cas à notre disposition. »

« Si ton âme est un grenier plein de bric-à-brac, pour accueillir l'Esprit, tu te mets à le vider, le nettoyer, le repeindre en espérant qu'une fois le travail terminé, l'Esprit peut-être te rendra visite… En pensant et en agissant ainsi tu te trompes. L'essentiel est de recevoir l'Esprit, et même de te rendre compte qu'il est déjà là, dans le bric-à-brac de ton grenier. Et il est même probable que l'Esprit t'aide à faire le ménage ou même le fasse à ta place. Dans ce cas, nous sommes souvent étonnés de voir qu'il ne jette pas ce que nous aurions jeté et qu'il évacue parfois ce qui nous semble essentiel, car l'essentiel n'est ni le bric-à-brac, ni le ménage mais la présence de l'Esprit. »

Je n'ai jamais su si Pedro aimait Maître Eckhart, ni même s'il l'avait lu… Mais il avait lu Dante. En matière d'esprit, il en connaissait assez pour éviter d'en faire des discours. Une ou deux phrases lui suffisaient. Le reste, il se contentait de le vivre. L'Esprit, comme tout absolu, n'aime pas dialoguer. Il veut convaincre.

Je ne suis pas étonné d'entendre alors Pedro reprendre Maître Eckhart. À sa façon :

« Eh bien, essayons d'imaginer que cette présence de l'Esprit est tout aussi réelle chez l'autre que chez toi… Même et surtout s'il se trompe, et que l'Esprit se tait en lui comme il se tait en toi. [Silence.] Alors ? Alors ? C'est simple : l'amour que tu lui porteras, s'il est dans l'erreur, sera peut-être de l'ordre de l'adoration envers la présence de l'Esprit en lui…

— Preuve, cher Pedro, que résister au mal ne serait au fond qu'une histoire d'amour ?

— Gagné ! me dit-il. Si Dieu est le Dieu du présent, ce qu'il est, si tu t'ouvres à son Amour, il se donne à toi comme si l'erreur n'avait jamais existé, car l'amour efface le mal. Au fond, le mal est fragile. Plus qu'on ne le croit ! »

J'ai longtemps réfléchi à cette conversation… Ah, si nous pouvions avoir la même attitude pour les autres ? Les problèmes se résoudraient d'eux-mêmes. Je sais maintenant où Pedro, facétieux, veut en venir. Sans surprise, il conclut :

« Lorsque des racontars circulent à ton sujet, ne cherche pas toujours à t'excuser, car ce serait peut-être aux yeux des autres une façon de t'accuser… Quand tu auras en face de toi un *énervé*, pose-toi la question de savoir qui peut être l'*énervant…* »

Souvent, il m'arrive de ne pas comprendre pourquoi les médisances et les calomnies ne semblent pas le toucher outre mesure… Là, je tiens une réponse : c'est encore à cause de l'Esprit. Plus le temps passe avec lui, plus l'Esprit cesse d'être philosophique pour devenir charnel. Même si je l'avais oublié, l'Esprit a toujours été charnel.

Je me suis toujours demandé si la première des résistances, ce n'était pas celle à la bêtise. Je pense à ce grand écrivain qui fut un ami, qui était soi-disant athée, et pourtant profondément spirituel. Il a passé sa vie à combattre la bêtise avec un humour grinçant et un talent inégalé. En plus d'avoir aidé Buñuel à exprimer son génie par des scénarios ciselés par l'intelligence, il a tenu pendant la fin de ses jours à sautiller de chef-d'œuvre en chef-d'œuvre, tel un cabri animé par l'Esprit : il s'appelait Jean-Claude Carrière. Si je devais piocher deux joyaux de son collier de perles, j'irais d'abord prendre *La Controverse* *de Valladolid*, œuvre où il moquait la médiocrité de l'Inquisition qui réunissait un tribunal autour de cette question imbécile : « Les Indiens d'Amérique sont-ils des demi-singes ou ont-ils une âme ? » Ensuite, je choisirais son savoureux *Dictionnaire de la bêtise*, dans lequel il a voulu raconter avec un humour désarmant le *nec plus ultra* de la c*rie humaine... Car, au fond, c'est le résumé de tout : dès que l'Esprit fiche le camp, la bêtise prend le pas.

On fustige, souvent, la violence, le sang, le mensonge, la guerre, la surconsommation, l'accumulation, l'*ego* et l'orgueil. Alors, on fait fausse route : c'est d'abord la bêtise qu'il faut montrer du doigt !

Quand je dis à Pedro combien je suis étonné de voir ces meutes de joyeux drilles courir autour de lui, je lui montre mes limites. Ah ! je me crois intelligent, mais là, je révèle ma sottise :

« Évidemment qu'ils sont heureux ! D'abord, parce que ce sont des enfants. Ensuite, parce qu'on les aime... Pourquoi ne seraient-ils pas heureux ? »

Vous rappelez-vous cette vieille mamie du film *Harold et Maude*. Elle apprend à un enfant le bonheur, simplement par la joie d'être heureux... Elle me rappelle une autre vieille dame... Une vieille mamie de 93 ans, atteinte d'un cancer, dont le cœur ne fonctionne pas bien, qui habite un HLM, vit modestement. Elle m'a donné une leçon en me montrant qu'elle était heureuse dans son adversité. Je raconte notre dialogue à Pedro :

« Vous moqueriez-vous de moi, madame !

— Pas du tout, monsieur, j'ai un toit sur la tête, je n'ai pas froid, je n'ai pas faim...

— Mais madame…

— Il n'y a pas de "mais", cher monsieur… Croyez-vous que je me plaigne de quelque chose ? Non, je résiste !

— Mais vous résistez à quoi ?

— Eh bien je résiste à la c*rie, à la fainéantise. Je résiste à la haine qui ne sert à rien et qui ne détruit d'ailleurs que la personne qui la détient. Ce mauvais œil fait perdre son temps… Ben oui ! Je résiste à tout ça, comme je suis née avec des yeux bruns. C'est dans ma nature… Que voulez-vous ? Il y a des gens qui viennent au monde mécontents. Ils seront mécontents toute leur vie. Vous n'y pouvez rien… Moi c'est comme ça… Je suis heureuse. Il y a des gens qui sont heureux de rien. Je suis heureuse. »

Le fait qu'elle vive dans la joie, avec rien, voilà qui enchante Pedro… Il dit, avec un beau sourire :

« Résister comme ça, c'est super ! Du bon sens, de l'humour et de la bienveillance, c'est le cocktail le plus efficace que je connaisse. Excellent contre la sinistrose collective qui chez vous finira par vous submerger si vous n'y prenez garde ! »

La Genèse, ce texte qui m'enchantait quand j'étais enfant, ne dit-il pas :

« Et Dieu vit que cela était bon… »

L'auteur en est tellement sûr qu'il le répète six fois…

Résister à ce qui menace la Terre et la création, croiser le fer contre leurs destructeurs, c'est, plus sûrement encore, résister tous les jours à la gabegie, au gaspillage, à la pollution… « TOUS LES JOURS. » Répétons ces mots comme un mantra. De fait, résister efficacement, c'est le faire au quotidien, simple, silencieux, ardent et joyeux. Assez de ces discours va-t-en-guerre et grincheux qu'on entend trop souvent ! Ils coupent court à toute joie de vivre ! Laissons venir plutôt ces mots de François d'Assise, si beaux qu'ils tombent comme des notes de musique depuis le ciel :

« Loué sois-tu, mon doux Seigneur, pour notre mère la Terre… »

*Alors, sourions, respirons… Allons planter des fleurs au jardin, elles embaumeront le monde et donneront des graines…*

# VA… ARRÊTE DE PENSER, SOURIS ET RESPIRE…!

La Terre, l'eau, le soleil, la nature que chante saint François, voilà ce qui donne vie. Les fleurs de l'existence embaumeront le monde, elles donneront les graines et chasseront la laideur… Parmi les mots qui lui viennent droit du cœur, Pedro me dit :

« L'Amour est la façon supérieure de la justice. Ne le sais-tu pas ? Le Christ a été victime d'une fausse justice. Le monde d'aujourd'hui est un monde de l'avoir et non de l'être. L'être, c'est l'amour et c'est le service. »

Et, de manière inattendue, lui qui l'instant d'avant tonnait contre l'indifférence des puissants, ajoute :

« La prière ne devrait jamais être une insurrection violente contre le mal… Ne prions pas en criant, prions avec notre cœur, car c'est ainsi que Dieu aime notre prière. Tu ne peux pas imaginer les vibrations qui passent dans les moments de partage, comme dans les épreuves… Tu ne peux pas imaginer la joie qui passe au contact d'hommes et de femmes qui se sentent aimés… Ils revivent en aimant à leur tour. Face à des cœurs qui s'ouvrent, on fond littéralement.

— Oui, Pedro… Mais quand le monde est laid, quand le monde est violent, quand le monde trahit l'homme ?

— C'est simple ! Reviens à l'Évangile. L'Évangile, c'est humaniser le monde… C'est humaniser cette mondialisation aux effets pervers qui nous tombent dessus… C'est rendre le frère respectueux de son frère, c'est le rendre sensible à sa douleur. L'Évangile, il faut le vivre, tout simplement. Tu comprends ? Le *vivre* ! Les rites, le culte doivent servir le message. Rien de plus. »

À cet instant, je songe à ce geste bouleversant du pape François, le 25 mars 2022… Il bénit, ne condamne pas. Oui, au moment où tout le monde condamne, il bénit. La guerre continue à ravager l'Ukraine. Or, que fait-il ? Il consacre les pays belligérants au Cœur immaculé de Marie : Russie et Ukraine. Consacrer une armée plus que l'autre, voilà ce qui serait sacrilège. La bénédiction de l'Esprit dépasse les frontières de l'entendement humain… Comme il fallait s'y attendre, ce geste n'a pas été compris…

J'ai souvent demandé à Pedro s'il rêvait… Les mystiques sont de grands rêveurs, mais qu'en est-il des prophètes, des conducteurs, des agissants ? On les imagine souvent dormir d'un sommeil de plomb, après des journées harassantes… Mais c'est oublier que l'action, le drame, les terribles problèmes quotidiens, tout cela suscite le rêve et s'invite, en un capharnaüm apparent, une fausse absurdité, au cours de ces nuits peuplées du présent, du passé et de l'avenir. Les rêves éclairent le jour, un peu sous la forme d'un soleil intérieur auquel se mêlent des clartés plus pâles de la lune… Parfois, ils sont si puissants qu'ils jaillissent en un torrent impétueux, impossible à modérer…

« J'ai fait un rêve… », dit Martin Luther King avant de décrire avec une précision et une forme irrésistible le destin du peuple noir et celui de l'humanité tout entière. Un jour, il n'y a pas si longtemps, le père André Marie, capable de tout par amour, m'avait confié le sien… Je l'ai raconté à Pedro :

« J'ai fait un rêve…

C'était pendant la guerre franco-allemande de mon enfance.

Je m'occupais distraitement dans ma chambre, la télévision était allumée. Des bribes de musique me parvenaient à l'oreille. Intrigué, je me mis à écouter attentivement. C'était de la flûte traversière, le son était si beau que je regardai l'écran, et je vis le visage merveilleux de la musicienne, tellement belle que j'en tombai amoureux…

Oui, mais c'était une Allemande que je n'avais pas le droit d'aimer…

Pourtant la musique était belle, aussi belle que la musicienne que malheureusement je n'avais pas le droit d'aimer. Alors, je me mis à écouter, à réécouter et à écouter encore cette musique pour tenter de m'en lasser et peut-être m'en dégoûter. Mais je n'y parvenais pas. Et je n'avais toujours pas le droit d'aimer… Alors je me mis à imaginer que son père était peut-être en train de faire la guerre et de mettre en joue un Français…

Rien n'y faisait… La musique était toujours aussi belle, même si elle avait été composée par Jean-Sébastien Bach, un Allemand.

Alors, je me mis à imaginer que si la paix venait, j'aurais le droit d'aimer, alors pourquoi ne pas commencer par aimer pour faire la paix ? Je me réveillai, déçu de ne plus entendre cette musique si merveilleuse, de ne plus voir ce beau visage, mais convaincu que la paix est une histoire d'amour et que l'amour sans frontières est la plus belle victoire sur la violence. »

Il y a plus de soixante-dix ans, un groupe de cinq mille Slovènes a été liquidé par les milices communistes du maréchal Tito… Un seul survivant : le père de Pedro. (Était-ce pour s'insurger contre la répétition de ces crimes de guerre, que soixante-dix ans plus tard, au début de la guerre d'Ukraine, Pedro écrivit à un autre *apparatchik* au pouvoir : « Mon frère Poutine… » ?)

Lorsque, réfugiés en Argentine, ses parents ont voulu louer une pauvre masure, ils ont été chassés : « Cette racaille n'habitera jamais chez nous ! » Sa mère portait dans son ventre le futur père Pedro. (Est-ce pour faire mémoire de cet événement que, bien des années plus tard, il accueille à Akamasoa des milliers de mamans enceintes… ?)

Oui, est-il une plus belle résistance que celle qui consiste à accueillir toute forme de vie, car la vie est sacrée ?

« Qui peut nier l'existence d'un Esprit créateur sans remettre en cause l'existence même de sa propre vie ? s'étonne Pedro… Qui pourrait nier avoir été un jour attaché au cordon ombilical de sa maman, non par un quelconque et poétique petit chausson rose ou bleu ou par une feuille de chou bien verte, mais par un lien de sang sacré ? Comment veux-tu que je ne croie pas en Dieu quand j'assiste à une naissance d'enfant ? Je songe que la maman avait été à son tour attachée par le même lien de sang irréfutable et sacré à sa propre maman, et auparavant à sa grand-mère avant de l'être à son arrière-grand-mère ? Non par la simple mémoire, mais par la réalité même des choses, on peut ainsi remonter dans le temps, de lien de sang en lien de sang jusqu'à la première mère… Mais à qui avait-elle pu être attachée, sinon à la Mère Première : le Créateur de toute vie ? »

Dans la tradition juive, on invitait des frères en dispute à aller se réconcilier au Temple, en provoquant volontairement une petite blessure pour que le sang de l'un et le sang de l'autre s'écoulent ensemble, en signe de réconciliation et de pardon… Pedro connaît. Voici comme il l'interprète :

« On comprend aisément que, lorsque Jésus parle de son sang versé, il était plus naturel et facile pour les disciples, juifs eux-mêmes, que pour nous, de comprendre cette réalité qui, de lien de sang en lien de sang, nous conduit vers l'origine même de la vie… »

Mais il ajoute aussitôt :

« Quand dans l'eucharistie surviennent ces paroles : "le sang versé pour tous pour la rémission des péchés", cela n'implique-t-il pas dans cette rémission un pardon qui impacte l'humanité entière attachée par un cordon ombilical qui, de génération en génération, remonte obligatoirement jusqu'à son Créateur ? Ainsi, l'eucharistie devient la plus grande "insurrection finale" universelle. Elle raconte une histoire d'amour où la victime, devenant bouc émissaire, capitule devant son bourreau pour le sauver lui-même… »

Puis soudain, il dit à brûle-pourpoint :

« As-tu remarqué que dans tous les termes de l'eucharistie, les verbes sont toujours au présent ? »

Je lui avoue que non, pas vraiment… Il reprend :

« Écoute… Il n'est pas dit : "Agneau de Dieu qui as enlevé les péchés du monde, il y a 2 000 ans !" Mais "qui enlèves les péchés du monde". C'est donc bien ce même sauvetage de l'humanité qui est célébré à chaque messe ! »

Je suis surtout marqué au fer rouge par cette expression de « sauvetage universel ». Comment, dans notre société actuelle qui bégaie le mot « sauvetage », entrer dans cette insurrection, cette résistance. Comment le permettre, surtout s'il est universel, sinon par les petits pas, les petites oasis d'espérance voulues par le père Pedro, autant avec son bon sens qu'avec ses gros godillots, par de menues offrandes de soi, en présence, en douceur, en tendresse et avec amour... Par cet entêtement quotidien, qui s'apparente à celui d'un paysan qui creuse son sillon, d'un jardinier patient, d'un marin opiniâtre.

Il conclut :

« Tu vois... Contrairement à ce que pensent certains, Akamasoa ce ne sont pas des chiffres : c'est une histoire d'amour avec ses hauts et ses bas, ses joies et ses blessures, ses découragements et ses espérances.

— Au fond, peut-être que c'est cela le paradis... Avec un zeste de purgatoire », songé-je alors.

Comme s'il m'avait entendu, il déclare :

« Oui, parce que c'est une fraternité ! »

Ce beau mot de *fraternité* revient souvent à ses lèvres. Rien d'étonnant à cela : qui suit l'Évangile ne peut que se sentir frère. Le christianisme n'a pas commencé son chemin sur Terre par une institution, mais par une fraternité. Qu'étaient-ils ces « Douze » qui suivaient Jésus ? Des frères... Des frères avant tout par le cœur. Ils l'étaient devenus en faisant un choix libre.

Tous ces gens qui accompagnent Pedro forment une fraternité. Ces milliers de pauvres n'ont, à l'origine, que leur misère en commun. Ils ne se connaissaient pas, venaient d'endroits différents, étaient de tous âges : des vieux sur le déclin, des jeunes et des enfants qui ne réclamaient à la vie qu'un peu de joie. Lui-même, Pedro, était un étranger. Sa peau blanche et ses yeux bleus comme le ciel semblaient de nulle part. Pourtant, ensemble, ils l'avaient bâtie, cette fraternité. L'Esprit était passé par là. Or, sans la fraternité, la liberté se mêle d'*ego* et on ne ressent pas le besoin d'égalité. Pour beaucoup, de fait, elle demeure une idée vague, une utopie incertaine, un rêve de poète, un concept imprécis parce que non vécu dans la réalité du quotidien. Lors du bicentenaire de la Révolution française, le ministre Edgar Faure rédigea un article devenu célèbre, et publié dans la *Revue des Deux Mondes*. C'est un éclair, du génie, établi en une nuit d'écriture. Il appelait la fraternité « droit de l'homme », voulait l'inscrire comme tel dans la constitution[1].

Pedro, d'une certaine manière, a fait descendre la fraternité du brouillard de son Olympe, en a fait l'essence de l'Évangile vécu au quotidien. Plus j'ai moi-même accompagné Pedro auprès de ses frères, mieux j'ai compris la fraternité. Ce n'étaient ni des mots, ni une idée, ni une philosophie, mais de la chair, du sang et de l'esprit, celui sans lequel la relation avec l'autre n'est au mieux qu'une tolérance. Mieux encore, la fraternité m'est apparue comme l'arme suprême de la résistance. Plus que jamais, elle était d'actualité devant les tourbillons, les tempêtes qui agitent nos sociétés.

Le moins que l'on puisse dire, c'est que les armes employées contre tous ces orages demeurent impuissantes. Contester, c'est insuffisant. Se résigner, c'est d'autant plus

1. L'un des auteurs en sait quelque chose, puisqu'il fut durant cette nuit-là le secrétaire chargé de la relecture au fur et à mesure que le ministre l'écrivait.

indécent. Les fameuses « mesures » de la politique politicienne sont des coups d'épée dans l'eau.

Chaque fois qu'il venait dans la belle Europe – celle que nos frères du Sud regardent comme l'eldorado –, pour susciter l'esprit de partage chez nos concitoyens, Pedro était frappé par la « sinistrose » qui semblait s'y être installée. Mais il me faisait part aussi d'une espérance. De puissants courants d'air traversent nos sociétés et ressemblent à s'y méprendre à une révolution silencieuse.

Bénédicte Manier parle d'*Un million de révolutions tranquilles*, titre d'un livre stimulant. Elle les voit commencer à naître un peu partout, apporter un vent de fraîcheur. L'esprit de résistance est partout… On en parle peu, elle ne fait pas la une du JT, mais avance tranquillement, portée par l'esprit de fraternité qui n'a pas plus besoin de tambour. Beaucoup d'hommes et de femmes tentent de « réparer ensemble le tissu déchiré du monde ».

En cinquante ans de vie fraternelle, Pedro a identifié, de la manière la plus sûre, celle que donne l'expérience du vécu, la racine du mal. Elle remonte à la nuit des temps : c'est la séparation de l'homme d'avec son esprit. Là est la déchirure que le monde qui nous entoure nous impose et voudrait nous faire « avaler » comme une banale normalité, au lieu de nous aider à la cicatriser. Cette perte d'âme, cette « banale normalité », Pedro la désigne comme le mal absolu. Parce qu'il vit son opposé : la fraternité. Il sait bien qu'elle redonne le sens à la vie, l'enthousiasme dans les cœurs, l'énergie vitale dans les corps. Il sait aussi, pour l'avoir éprouvé, que même si on fait cela pour soi, on le fait en même temps pour les autres et pour tout l'univers. Résister ainsi, c'est silencieux, c'est peu de belles paroles et beaucoup d'actes, si possible en gardant le sourire, en restant tenace. Avancer, patiemment, à petits pas. Guérir doucement. Il y a peut-être un Socrate en Pedro… Il pratique la *maïeutique*, cet art de faire accoucher le « bon fond » de chacun. Le bon fond, cela traduit, à mes yeux, cette sorte de délicate argile dans le cœur de chacun, enfouie bien trop souvent, car recouverte par le sédiment des mauvais penchants. Mais son principe actif reste toujours. Il rend les maux inoffensifs. Pourquoi Pedro parle-t-il autant de fraternité ? Parce que nous ne sommes pas heureux. Il n'y a que dans les ténèbres, pourtant, qu'on a envie de lumière, dans le froid qu'on rêve de chaleur, dans le vide du silence qu'on désire de la musique et de l'harmonie. Il n'y a que dans la souffrance, parfois causée par la haine, qu'on désirera la tendresse, la bonté et la beauté. Pedro nous invite à ne pas attendre d'être parfaits pour céder à cet amour qui nous attend. Réconcilions-nous avec notre « bon fond », soyons ces ponts entre la laideur et la beauté, entre la haine et la bonté. Soyons nous-mêmes. Véritablement.

# SE PARLER VRAI… TOUJOURS !

Ne comptez pas sur Pedro pour être « à la mode », tolérer l'intolérable, nuancer ce qui n'est pas sujet à compromis. Ce matin-là commence par un coup de gueule. C'est clair, net et tendre : tout ça à la fois. Il parle à des jeunes garçons de 20 ans, correctement vêtus et bien éduqués : ce sont des étudiants en technique et mécanique, des pères salésiens de Don Bosco qui viennent de Majunga, ville sur la côte. Une formidable école de formation professionnelle. Ils ont l'air sages et attentifs. On leur donnerait volontiers le Bon Dieu sans confession. Il plaisante avec eux, leur parle de mille choses : Dieu, le pape, leur pays, le foot, les parents, les frères et sœurs… C'est plaisant, souvent drôle. Ils rient.

Soudain, tout le monde se tait. Pedro est devenu sérieux. Il ne plaisante plus. Il a cette faculté, inimitable, de passer d'un sujet léger à une question grave. La voix est douce, mais ferme. Quand on le connaît, on sent qu'il se contient. Il leur répète ce qu'il ne cesse de dire à tous les garçons qu'il rencontre :

« Ne jouez pas avec les filles, respectez-les. Elles ne sont pas des objets, elles sont vos sœurs ! »

Pedro n'y va jamais par quatre chemins. Il connaît par cœur cette plaie qui vient de loin, mais qui est un mal qui s'aggrave le temps : les violences faites aux femmes. Viols, violences conjugales, mépris de leur féminité, manque de respect à leur égard. Quand il revient me voir, il garde sa contenance, mais je devine qu'il bout :

« C'est comme ça ! Pour eux il n'y a pas un homme et une femme, un garçon et une fille… Deux esprits en même temps que deux corps… Comme partout ailleurs, ils oublient souvent la part de sacré dans l'amour… Ils jouent, ils s'amusent… Ce n'est pas de l'amour ! Figure-toi qu'à Mada, ici, dans les bas quartiers, on dirait qu'apprendre ça entre dans l'éducation des filles… On leur apprend ça, pas l'amour ! Où est passé le sentiment là-dedans ? »

J'essaie d'évoquer l'humilité, changer de sujet pour qu'il s'apaise ! Raté… Je n'ai fait que l'irriter :

« Ah ! l'humilité. C'est incroyable comme les gens éprouvent le besoin de se faire mousser… Même ici. Tu n'imagines pas combien j'en ai reçu de ces bons apôtres qui viennent faire ci ou ça, apporter ceci ou cela… Mais on ne se conduit pas en frères pour qu'on vous dise "Merci ! Sans vous, comment ferions-nous ?" Je ne peux pas passer mes journées à dire merci à tout bout de champ. J'ai pour habitude de dire "merci" à ceux qui ne le demandent pas. Cela me vient du cœur, naturellement. Servir et partager, cela doit être humble et sans tralala. Sans débauche de compliments. Sans gratitude exagérée. Je pourrais te citer des exemples d'humilité de la part de ceux qui sont pourtant habitués à ce qu'on leur dise "merci" tout le temps… » Heureusement, il y a les humbles, les compatissants, ceux qui donnent sans retour… Quel bonheur !

Devant sa révolte, je change encore de sujet :

« Pedro, la parole quand elle sort d'ici, du fond du trou, du fond de la misère, est-ce qu'elle porte une force particulière ?

— Oui, elle est forte. Forte du temps passé, de la ténacité et de l'unité. On a fait tout ça ensemble ! Normalement la pauvreté, c'est du "chacun pour soi". Eh bien non, on était tous impliqués. »

C'est la chair de la vie qui nous rend Pedro si frais et vivant... Sa parole paraît éternelle. Sous les lambris, dans les salons cossus, assis dans des fauteuils capitonnés, la parole des donneurs de leçons paraît froide et sèche. Même si elle est intelligente.

Pedro, c'est la vie, l'amour, la mort passés en revue avec simplicité, à l'état brut, sans mensonges ni décorum :

« Hier, me disait-il, deux morts... Aujourd'hui un autre... Tous les jours, des morts ! Je ne m'habitue pas à la mort... Hier, vois-tu, c'était une femme de trente ans, tuée par son compagnon qui était ivre... Ce matin, c'est cette dame qui vient vers moi avec sa fille handicapée : "Mon père, peux-tu m'acheter un fauteuil roulant pour elle ?" Non... Vraiment, tes gens, tes discoureurs, tes faux prophètes ne peuvent pas venir ici. Ils se sentiraient hors sol. Je ne leur en veux pas, je leur pardonne, mais on ne parle pas depuis le même endroit. »

Depuis trente ans, à Akamasoa, l'unité avance lentement, avec des hauts et des bas, au milieu d'effroyables drames. Un esprit de fraternité qui résiste à tout, même quand tout semble se conjuguer pour le mettre à bas. Tel est le secret d'Akamasoa, le secret de sa résistance...

« De temps à autre, on se réunit avec deux ou trois mille familles pour refonder l'Alliance. Cela a du bon, les refondations. Avant c'était un délégué par famille. Aujourd'hui c'est la famille au grand complet, depuis la grand-mère jusqu'au plus petit des petits-enfants !

— Mais c'est gigantesque, Pedro, où les rassembles-tu ?

— Mais dans la cathédrale, pardi ! Tu sais bien que nous avons une cathédrale ici… Les pauvres ont droit à la plus belle ! »

La « cathédrale » d'Akamasoa, c'est l'immense carrière à ciel ouvert, qui rassemble aisément 25 000 personnes. Elle sert à peu près à tout. Ici, on travaille à casser la roche en milliers de morceaux pour deux euros par jour. Ici, on prie lors des célébrations solennelles. Ici, on se rassemble, de loin en loin, pour se jurer de rester frères quoi qu'il arrive. Ici, on récite le *Notre Père* et les Béatitudes : « Heureux les pauvres… »

Ici, Pedro leur dit :

« Nous ne sommes plus des pauvres mais des hommes debout ! »

Le secret d'Akamasoa est là. Nulle part ailleurs. Il n'est pas dans une habileté comme le croient certains :

« Comment avez-vous fait ? Quelle fut votre première démarche ? Votre seconde ? Où trouvez-vous l'argent ? Votre expérience nous sera précieuse… »

Ces paroles ont été prononcées par les délégués d'une agence des Nations unies pour les quartiers pauvres… Voici la réponse, limpide, que Pedro leur a faite :

« "Mais nous n'avons pas de stratégie, messieurs… Notre stratégie, c'est l'amour. Notre stratégie ? C'est simple… Aller vers eux, rester et vivre avec eux, souffrir avec eux et se relever ensemble !" Ils cherchent des recettes au lieu de la fraternité. Notre histoire n'a rien à voir avec l'habileté, l'intelligence, le savoir-faire ou je ne sais quoi d'autre. C'est l'affaire de l'Esprit. Ténacité, foi et amour… »

Une autre fois, un touriste, comme il y en a tant, passe le voir, après avoir eu la curieuse idée d'arpenter les villages de Pedro. Il hasarde :

« Mon père, vous ne nous avez pas dit toute la vérité !

— Ah bon ?

— Oui, vous nous aviez caché l'ampleur de ce que vous avez fait !

— L'ampleur ? Mais c'est à vous de la découvrir ! Allez au fond de votre cœur. Akamasoa n'est pas une affaire de statistiques ! »

Résister... Depuis les débuts, ce sont des femmes qui accompagnent Pedro. Institutrices, comptables, sages-femmes, maîtresses de maison, elles relèvent le défi humblement, fermement, efficacement.

« Il faut que je parle aux hommes, que je leur dise la vérité », me confie Pedro.

Cela fait trente ans qu'il essaie. Les femmes tiennent, les hommes non :

« On ne leur apprend pas la tendresse et la fraternité. Les mères les gâtent trop... Les garçons sont des petits rois à la maison. Tout est dans l'éducation, et la première passe par la mère. En Argentine, quand j'étais petit, on n'était pas avares de gestes de tendresse... On s'aimait et on l'exprimait. On s'embrassait, filles et garçons, parents et enfants. Mes parents, des émigrés, avaient petit à petit laissé un peu de leur âme slovène en Slovénie et adopté l'âme argentine. J'ai grandi comme un petit Argentin. Quelle ne fut pas ma surprise quand je suis retourné en Slovénie pour mes vingt ans ! Ma mère m'avait parlé avec émotion de mon grand-père qui avait miraculeusement survécu à l'horreur nazie. En arrivant, j'ai voulu sauter au cou de tous mes aïeux comme on le fait en Argentine… Ils se tenaient tous droits et raides comme des arbres ! Ici, à Akamasoa, figure-toi que c'est pareil… Les petites filles me sautent au cou… Les petits garçons non ! Il faudra sans doute des générations pour que ça change ! »

Je regarde l'homme… Pedro est étonnamment en forme, lui qui est septuagénaire. Ses gènes y sont sans doute pour quelque chose ; sa sobriété aussi… Il mange peu, boit peu et ne fume pas. Pourtant, son mode de vie est harassant. Si j'y appliquais le critère de pénibilité, il aurait mérité sa retraite depuis longtemps… Je le lui dis, cela le fait rire… Surtout si j'ajoute :

« Bien sûr, tu as ton eucharistie quotidienne ! »

Il devient grave et touchant :

« Personne ne découvrira le secret qui m'habite, parce qu'il est tellement simple que ce n'est vraiment pas la peine de l'écrire… Parce qu'il est aussi tellement profond qu'aucun mot ne saurait le traduire… Parfois l'émerveillement me saisit et je murmure pour moi “merci mon Dieu !” et c'est tout… Quand une chose est belle, quand la transformation que tu espères en l'autre survient, tu me prouves, mon Dieu, que tu es là, toujours, et que cela vaut la peine. »

Ce matin, j'assiste à cette scène que lui a vécue des centaines de fois : un jeune homme vient. Son âge : trente ans… À cause de l'alcool, il en a passé cinq en hôpital psychiatrique… Il est là avec sa famille. Pedro va lui louer une maison à l'extérieur d'Akamasoa, parce qu'à l'intérieur ce n'est plus tenable – il s'est remis à boire… L'homme lui dit merci. Pedro l'embrasse et le bénit… L'esprit qui fonde la paix, la beauté et la bonté est simple, mais il doit passer à chaque instant de notre vie...

« Chers amis, consommez davantage d'esprit ! s'exclame Pedro... C'est au fond mon premier et mon dernier message. Hors de l'esprit, point de salut ! »

Souvent, nous n'avons pas la moindre pensée pour nos frères au loin. Eux ne se préoccupent pas des fins de mois, parce qu'ils se soucient de leurs fins de jour... Tous les Pedro du monde nous le disent : « Nous consommons trop ! »

Le pape François, il y a peu de temps, disait aux évêques :

« Quand vous achetez une voiture, ne commandez pas le dernier cri ! Achetez humbles ! »

Décidément, rien d'étonnant dans le fait que ce pape ait choisi de prendre le nom du grand insurgé de « Dame pauvreté ». Insurrection rime avec résurrection, non pas avec révolution. Insurrection, résistance. Mon choix de cœur oscille entre les deux. Celui qui s'insurge résiste et *vice versa*. L'insurrection, comme la résistance, oblige l'homme à se remettre en cause. Il découvre qu'il y a en lui un faible qui n'ose pas et auquel il n'a jamais renoncé. Insurrection et résistance naissent l'une et l'autre de cette dignité qui nous pousse à nous indigner devant l'inacceptable. Cette dignité transforme les coups de gueule de Pedro en coups de cœur. Cette dignité dictait à l'abbé Pierre ces mots :

> « Je suis prêt à faire des faux papiers et une fausse barbe au pape [Paul VI] pour qu'il vienne *incognito* passer huit jours dans un des bidonvilles de São Paulo. On y croise la détresse, des milliers de désespérés, des jeunes filles de 14 ans enceintes, qui dorment avec vingt autres personnes dans une cabane. Elles ne sauraient pas dire de

qui est l'enfant qu'elles portent et qu'elles sont incapables d'élever… Et il faudrait aller leur parler d'abstinence et de continence… C'est criminel. »

Dans les débuts de sa vocation, il ne parlait pas ainsi, mais lorsque l'amour des pauvres vous prend à la gorge, les mots ne sont plus les mêmes. Les mots du résistant sont ceux de la justice. Ce sont surtout ceux de la réalité. Et cette réalité est simple : il n'est plus possible d'être heureux tout seul. Aujourd'hui, moins que jamais. Heureux ne s'écrit qu'au pluriel. Ainsi arrive-t-il que les frontières de l'élégance verbale craquent et osent la liberté de dire. Pedro dit à sa façon ce que l'abbé Pierre disait à la sienne :

« La liberté est la possibilité qui t'est donnée ou d'être idolâtre de ton Moi… (Crèvent les autres, je m'en fous… Ne m'importent que ma réussite, ma fortune…) Ou de penser ainsi : je ne peux pas être heureux sans les autres. »

Le père Pedro et l'abbé Pierre portent les mêmes prénoms, leur manière d'agir et d'aimer est synonyme. Seuls, nous ne sommes rien. À nous d'unir nos volontés pour créer un peu d'espérance.

# L'ENFANT ME DIT : « RÉSISTE ! »

L'abbé Pierre m'a appris le premier que le malheur n'a rien de littéraire et que sa survenue la plus anodine peut parfois être une question de vie ou de mort… Même si l'avalanche qui tombe quotidiennement sur Pedro n'est pas seulement faite de cas extrêmes, dans la grande pauvreté, les suites d'une affaire banale peuvent se révéler tragiques. Cela réclame une vigilance de tous les instants…

Voici une autre leçon de l'abbé Pierre : le service, à n'importe quel instant. J'étais en route pour le rencontrer. Je me trouvais dans le compartiment d'un train en compagnie d'un homme plongé dans ses pensées… Je suis arrivé chez l'abbé Pierre, mais il prit à peine le temps de me dire bonjour. Il me demanda si je n'avais pas vu dans le train un homme qu'il me décrivit. C'était celui qui était avec moi dans le train. L'abbé Pierre me quitta subitement. Je ne le revis que trois heures plus tard. Il était apaisé. Il m'expliqua qu'il l'avait retrouvé, que celui-ci était au bout du rouleau et qu'il craignait qu'il ne mette fin à ses jours… De fait, l'abbé avait fait de ces mots son *leitmotiv* :

« Sers premier le plus souffrant. »

Quand nos dialogues avec Pedro sont interrompus par les nécessiteux, je profite de ce temps pour méditer et observer aux alentours. Dans ce genre de moment, je ne suis jamais seul. De fait, la cour devant la maison de Pedro est le royaume des enfants. Ici, ils sont chez eux. Pas de permission à obtenir pour venir jouer là. Comme si Pedro était leur invité.

Un matin, j'ai pu contempler un de ces groupes d'enfants. Deux grands étaient juchés sur une sorte de tracteur en plastique, tandis que trois petits se tenant chacun par la taille, poussaient l'étrange charroi. On aurait dit un mille-pattes humain. Que ça riait ! Mon Dieu, que ça riait ! Leur rire était contagieux. Ces enfants, ils sont comme son âme. Le moteur de la résistance de Pedro. Il devrait être aussi le nôtre…

On sait si peu de choses d'un enfant… D'où vient-il ? N'est-il pas le fruit improbable d'une rencontre de cellules ? Est-il animé d'un souffle qui vient d'un ailleurs indistinct ? Ce souffle possède-t-il une âme, comme à chaque fois qu'il s'agit de bénir l'arrivée d'une forme de vie ? Assurément, cet enfant est le fruit de deux âmes qui ont animé deux corps. Il a été conçu par une reine qu'on nomme la Vie, elle-même est issue de l'Amour. Je crois que l'Amour est de toute éternité, qu'il ne connaît ni début ni fin. L'Amour est avant toute chose, avant le créé, avant toute vie. « Et le Verbe s'est fait chair. »

L'Amour est la parole première, issue de l'éternité. Il n'y avait pas encore de mot pour le dire, ni de pensée pour l'élaborer, ni de cœur pour l'éprouver, mais il était là. Ainsi l'Amour et la Vie ne font-ils qu'un. L'enfant, en cela, que ce soit vous, moi ou eux tous, l'enfant est sacré. Le fait d'être sacré n'a pas besoin d'être prouvé. Est sacré tout ce qui est du monde et qui est plus que ce monde, tout ce qui est vivant et qui est plus que la vie, tout ce qui semble mortel et qui est pourtant infini.

Imaginez ces enfants qui jouent dans la cour de Pedro, et dites-vous que la vie n'est jamais aussi sacrée que dans l'enfance. Là est le mystère sacré des commencements. C'est sans doute en cela que les adultes semblent coupés de leur enfance : ils passent de ce monde sacré à cet autre qui ne l'est plus. Plus je regarde les adultes que nous sommes, plus j'en suis convaincu. Nous avions le choix d'en demeurer dans l'enfance et nous ne l'avons pas fait. Nous avons refusé cette liberté, sacrée entre toutes, de demeurer enfants, du moins de garder cette âme d'enfant. Nous sommes tous pareils… Notre âme se ride en même temps que notre visage et notre corps. Nous abandonnons jusqu'au souvenir de l'âme enfantine et avec elle le vrai bonheur de l'instant. L'adulte sacrifie cette innocence des joies simples au profit de ces vanités survenues le matin pour s'évanouir au crépuscule. Peu à peu, l'éternité s'en va, ne laissant au temps qui fuit que des lambeaux de mémoire, à la mesure de leur inutilité : ici un succès, là une conquête, ici un gros chagrin… Jamais rien qui soit essentiel comme le souvenir vivant de nos bonheurs d'enfant. Simplement, vivons l'instant.

Tous ces gens qui ont ré-enchanté nos existences avec le goût et le parfum de l'enfance, eux étaient restés de merveilleux enfants dans leur âme. Pedro et le pape François aujourd'hui, hier l'abbé Pierre, sœur Emmanuelle… Non, pas un n'avait quitté son âme d'enfant, même avec l'âge. Ils nous donnent envie de les imiter. Ce n'est pas qu'ils soient retombés en enfance comme certains de ces vieillards atteints de démence sénile… C'était tout le contraire : leur esprit n'avait jamais été aussi vif et vibrant.

D'ordinaire, les adultes ont du mal à s'intéresser à leur enfance. Avec ces adultes-là, c'est tout le contraire… Sœur

Emmanuelle a choisi l'enfance avec la déchirure de ses six ans, l'abbé Pierre avec son chagrin d'adolescent, le père Pedro avec la joie de son enfance argentine. Mais, pour être honnête, l'enfance n'intéresse personne. Pour beaucoup, il ne s'y passe rien. Que nous soyons puissants ou misérables, riches ou pauvres, grands ou petits, nous ne voyons pas la richesse de nos jeunes années… L'enfance ? À quoi bon ? Elle est un temps inutile, une perte de temps.

Pourtant, quelle différence y a-t-il entre cette petite fille mal débarbouillée de trois ans et ma petite-fille Eva, apprêtée comme un sou neuf ? Aucune, si ce n'est que la première est née ici et la seconde en Europe… Elles pourraient bien être des sœurs. Je regarde cette enfant, je songe à son mystère que seule une âme d'enfant parviendrait à percer, ce mystère qui est dans une pièce fermée à double-tour. Je me dis souvent que seuls les poètes en détiennent la clé car, même devenus vieux, ils gardent une âme d'enfant. S'ils l'ont malgré tout perdue, ils sont reliés d'une étrange manière à cette âme du monde, et c'est elle qui possède la clé de tous les cœurs d'enfants. Pedro doit être quelqu'un de semblable à ces poètes. Cela lui viendrait-il de sa joie, de son sourire d'une connivence avec son vieux copain Jésus, ce grand enfant ?

Être ici, dans la cour de Pedro, c'est vivre cette expérience : retrouver son âme d'enfant. Pour cela, on a parfois besoin d'une étoile. À chacun son chemin, à chacun son étoile… J'ai été conduit à Akamasoa pour témoigner de ce qu'y fait Pedro, sur cette colline où les fumerolles des décharges témoignent encore de son passé d'horreur. Qu'ont-ils fait, au fond, les pauvres, ces frères de Pedro ? Ils ont acquiescé d'un cœur confiant. Lui avait l'humilité enthousiaste. Il se sentait capable de voyager au bout de la nuit pour la joie de découvrir l'aurore. Les pauvres l'ont suivi. Ils ont passé un pacte : se relever, ensemble. Au fond, qu'est-ce que le bonheur, si ce n'est pas cela – accepter dans l'humilité, se mettre en route dans l'enthousiasme, encore dans la nuit s'il le faut et marcher, marcher encore pour espérer ?

On dirait que l'enfant ne hiérarchise pas les joies et les chagrins, mais qu'il vit tout intensément, avec ses pleins et ses creux… Il les accueille comme ils viennent, sans les catégories adultes du trop, du beaucoup ou du pas assez. L'enfant vit le présent tel qu'il lui vient. Il ne connaît que l'absolu du présent, le relatif lui est étranger. Il vit à fond l'instant, toujours en mouvement, l'enfant ne connaît ni le passé, le sien étant trop court pour être perçu, ni le futur, car il ne sait pas encore dessiner les frontières du temps, ni ses contours, ni ses angoisses. Débarrassé de ces encombrants, il est hors de l'écoulement des jours, il ne ressent jamais rien en demi-teinte. L'enfant arrête le temps, l'adulte en est prisonnier. La joie chez l'adulte s'évapore comme l'écume de la vague dans le creux de la main… Chez l'enfant, elle demeure.

Je suis tout à mes pensées quand je m'aperçois que la charrette mille-pattes s'est arrêtée… Désormais, on joue au ballon. Il est crevé, mais on continue quand même. C'est simple avec les enfants : tout est émerveillement.

Les enfants de Pedro délivrent ce message, celui de tous les enfants du monde, de l'enfant Jésus au *Petit Prince*. Ce message dit : *Moi, je suis né pour être heureux. Vos guerres, vos jalousies ne m'intéressent pas. Moi, je suis né pour la lumière, mes yeux la recherchent et la désirent. C'est là mon seul et unique désir. Ne venez pas avec vos laideurs et vos soupçons. Ne gâchez pas mon horizon. Quand je m'émerveille, je laisse le meilleur de moi aller à la rencontre de ma propre nature, là où le Divin s'émerveille déjà de l'homme que plus tard je serai. Ne m'amenez pas vos peurs et laissez-moi intact et pur l'instant présent où je m'abreuve. Mon espérance ne rime qu'avec le présent.*

# CELA VOUS PREND À LA GORGE ET NE VOUS QUITTE PLUS !

Pedro est revenu... Il est l'enfant qui, l'instant d'avant, venait de me dire : *Puisque je vous dis que je ne veux pas de vos guerres !*

« Avec ce qui se déroule devant nos yeux en Ukraine, mon cher, c'est toute l'humanité qui doit demander pardon et pas le seul Poutine. Ce serait trop facile de faire d'un seul homme l'Antéchrist pour exonérer toutes nos faiblesses, nos lâchetés, nos petitesses... Poutine n'est que la caricature d'un mal que nous portons en nous, nous tous ! Tous les pays riches et tous nos politiciens. Qu'avons-nous fait pour la part la plus pauvre de l'humanité ? Des promesses et de la fumée. Des aides intéressées. Regarde partout : en Afrique, au Yémen, au Soudan, en Somalie, à Madagascar, au Congo, en Birmanie... Qui parle du massacre des Ouïghours ? Qui parle du massacre des Yézidis et des chrétiens d'Orient ? Personne... Cela semble n'intéresser personne... Qui nous parle des bidonvilles du Brésil, d'Argentine, de Harlem et du Bronx ? Personne... Il n'y a tout de même pas qu'un seul Antéchrist sur terre, même s'il est de taille. Résister au mal, c'est résister sur la terre entière. Pas seulement pour l'Ukraine parce qu'elle est proche de chez nous et que l'enfant dévoyé de Léningrad se balade avec une bombe atomique dans sa poche trouée ! Il nous faut tous demander pardon parce que nous sommes tous des êtres humains, tous responsables et tous complices ! »

Avec Pedro c'est ainsi… Vous passez brusquement de l'enfant de la grotte de Bethléem et des flûtes des bergers, des chœurs des anges et des rois mages à la *vita dolorosa* et au Golgotha… Il faut s'y faire ! Mais je ne veux pas oublier le geste d'Antigone, la première dissidente de l'histoire humaine… Il ne connaît pas cette histoire. Comme tous les enfants, il ouvre grandes ses oreilles à ce qui est neuf :

« Tu parles de pardon, Pedro, mais les dissidents ont demandé pardon à l'humanité, au risque de perdre leur vie et parfois en la perdant… Mais écoute, cela va te plaire : Antigone est la fille du roi de Thèbes, une célèbre cité de l'Antiquité grecque. Une guerre civile éclate entre les deux fils du roi défunt. L'un d'eux mord la poussière. Le régent Créon, qui n'est autre que l'oncle, décrète que sera puni de mort celui qui offrira une sépulture au défunt qui a menacé l'équilibre de la cité. Sa sœur Antigone viole la loi et lui donne une sépulture, car la loi morale l'exige et, dira-t-elle, elle est supérieure à la loi de la cité. Pour cela, Antigone sera emmurée.

— Belle histoire, me répond Pedro. Les dissidents demandent pardon au nom de l'humanité et nous devons les soutenir. Tous… Les femmes biélorusses qui s'opposent à Loukachenko, les avocates d'Iran, Navalny… Tous ! Ils sont l'honneur de l'humanité parce que, comme ton Antigone, ils osent dire non à une loi injuste ! »

Je songe qu'ils ne sont pas les seuls… Qu'est-il, lui, Pedro ? Un dissident… Il lui en a fallu du courage pour s'opposer à l'ordre, à l'obéissance et au dogme… Comme il en a fallu à l'abbé Pierre pour se faire « exclaustrer » de chez les Capucins ! Comme il en a fallu à sœur Emmanuelle pour s'opposer à son ordre qui ne jugeait pas bon qu'elle aille finir sa vieillesse dans un trou à rats après avoir enseigné dans des collèges huppés ! Il faudrait les citer, tous !

Quand on s'oppose au nom de la vérité et de l'amour à ceux qui les freinent, on est un dissident. On met sa vie en jeu pour beaucoup plus grand que soi.

« Le plus grand dissident de l'histoire n'a-t-il pas été Jésus ? », me dit Pedro.

Puis il ajoute tout de go :

« Il n'y a pas d'amour sans preuve d'amour... Ils voudraient qu'on les aime sans avoir rien fait ! [Je comprends qu'il parle des politiques.]

— Un politique avant tout veut être aimé !

— Et les autres, c'est pareil... L'autre jour, en pleine messe, j'ai osé cette question : “Le plus important, c'est d'aimer ou d'être aimé ?” À leur silence, j'ai compris : l'amour, c'est d'abord d'être aimé. Eh bien, à cela il faut résister ! »

Depuis bien longtemps, le sens profond de chaque mot souffre de notre incapacité à dire et reconnaître la vérité. On ne devrait prononcer ce mot sacré – « je t'aime » – non pour remercier d'être aimé, mais pour remercier d'aimer. Dire à l'autre merci de nous donner l'occasion, la grâce de ressentir ce merveilleux sentiment qu'est l'amour ! Nous sommes devenus un monde de l'à-peu-près, de l'approximation, de l'aseptisé, du mot creux et ronflant, du toc, de l'esbroufe. On parle d'icône, de sacré et de charisme pour une chanson, un discours, un footballeur ou un péroreur de télé. Nous vivons la mondialisation parfaite de la langue de bois. Un reste de bon sens permet de séparer encore le bon grain de l'ivraie… Pour combien de temps ? On joue des rôles, mais on ne les vit pas. On cause, mais on n'agit pas. Pourtant, notre époque, plus que toutes les autres, devrait nous inspirer de parler moins, mais de parler vrai et juste, et d'agir pour le bien. Ou mieux, pour *faire* le bien.

Comment ne pas résister ou s'insurger, quand on découvre le mépris de l'autre, le scandale des vies bouleversées, du gaspillage au nom de la loi, de l'indifférence aux vieillards et aux pauvres, aux affamés, aux sans-travail, aux exclus de toutes origines et de toutes couleurs… Tout cela n'est pas de la responsabilité de Dieu, que diable ! Comment ne pas crier de colère devant certaines normes européennes qui obligent au gaspillage de plus de mille tonnes de pain par jour, à la destruction annuelle de milliers de tonnes de médicaments – même non périmés –, alors que là-bas, à Madagascar, c'est toute une affaire que de s'offrir une boîte d'Efferalgan pour calmer sa douleur. Comment ne pas crier devant l'afflux de millions de réfugiés sans abri et sans toit, alors que des bâtiments en tout genre sont la plupart du temps vides.

Sans doute avons-nous oublié l'insurrection de saint Matthieu, qui disait en citant Jésus :

« Malheur à toi si tu ne m'as pas accueilli lorsque j'étais étranger. »

Bien sûr, cela est dérangeant, terriblement dérangeant…

« Oui c'est terriblement dérangeant, me disait un jour le père André Marie, surnommé “Petit Père” par tous les affligés… Mais pour avoir vécu cette exclusion toute ma vie, dans ma propre maison, dans mon intimité, j'oserais même dire que cela est *chiant*. Quant aux oreilles prudes que ce mot dérangerait, je les invite simplement à le vivre huit jours. Je pense que le neuvième jour, ils se sauveraient en courant, à moins que le croche-pied du Bon Dieu de miséricorde ne les fasse tomber dans l'amour sans conditions et sans frontières. »

Merci de nous aider ainsi à mieux sentir et à mieux vivre ce que signifie la résistance de Pedro au milieu de ses vingt-cinq mille pauvres.

« La sagesse, aurait dit l'abbé Pierre, ce n'est pas d'être sage. Ce mot vient du latin *sapere* qui signifie goûter, savourer. La sagesse, c'est le don de goûter combien il est bon d'aimer. »

« Mais, ajoute Pedro, lorsque c'est la loi de la haine, de la violence, de la mort qui domine, il n'y a rien de bon à goûter. Alors, comme si c'était naturel, cela devient la grimace de la résistance. Méfie-toi de cette grimace, tes paroles pourraient en être déformées. Seul l'amour peut faire que tes "dénonciations" deviennent des "annonciations". »

# L'AMOUR CONTRE LE DOGME

Chez Pedro, on ne grimace pas ! On résiste dans l'enthousiasme et dans la joie. Quand on aime vraiment, on ne prend pas la mine constipée, on est joyeux, allant, enthousiaste... L'amour n'est pas triste, il est jovial et « bon vivant ». La joie et l'esprit sont des cousins, ce qui est sacré n'est jamais renfrogné.

« Le sacré ne nous écrase pas... Il nous rehausse, clame Pedro. Regarde les enfants ici... Ils rient et jouent et tu voudrais résister pour eux avec la mine grave des vieillards qui savent tout et des sages qui ne savent rien ? Ceux qui me rejoignent ici pour résister seront des ardents et des joyeux... Pas de place pour les mines sombres... Ici on résiste comme les enfants... En souriant et en riant. On parle toujours de la force de l'amour... Mais l'amour n'est fort que parce qu'il rit à la barbe du mal. Le diable est décontenancé par le rire. »

Je m'arrête un instant, songeant à ce que furent ses jeunes années. Séminariste aux cheveux longs et à la barbe prononcée, il aimait aller les chemins du monde à pied, en stop, s'arrêtant ici ou là, au hasard des rencontres, refusant les plaisirs vains et goûtant la vraie joie :

« J'étais alors passionné par la découverte de l'être humain... Je le suis toujours. »

Il ressemblait alors à un aventurier, à un de ces pieds poudreux qui cherchent leur étoile sur leur chemin d'humanité. Cela faisait belle lurette qu'il ne cheminait plus seul, car Jésus l'accompagnait depuis l'enfance. Quand vous avez, enfant, Jésus comme meilleur copain, il vous accompagne partout. Vos yeux et votre cœur s'embellissent de toutes les beautés du monde, en particulier de celles que d'ordinaire on ne voit pas. Cette audace de marcheur, cette crinière de lion et ce regard bleu qui tutoie le ciel avaient fabriqué le Pedro d'alors, le Pedro de toujours. À l'entendre, il n'avait pas vraiment eu à résister au mal puisqu'il ne voyait que le bien. Sa famille, les siens l'acceptaient tel qu'il était.

Il voulait s'en aller aider les Indiens mapuches d'Argentine, ces mal aimés ? Qu'il y aille. Il voulait devenir prêtre ? Bravo ! Il voulait découvrir le monde à pied ? Encore bravo ! Il choisissait ce trou de l'hémisphère Sud pour son apostolat ? Fort bien. À l'entendre, ni l'Église ni ses frères moines n'ont été de bien grands opposants. Certains, en petit nombre, l'ont contesté… beaucoup l'ont applaudi.

Mais n'est-ce pas plutôt que sa conviction et sa résistance aux obstacles étaient telles, que les prisons étaient en carton-pâte et les murailles comme celles de Jéricho… Il suffisait d'un coup de trompe ! Pedro-Josué était irrésistible. Quand c'était son ami Jésus qui lui parlait à l'oreille, vous pouviez lui opposer les arguments les plus solides de la raison humaine et même de la foi, rien n'y faisait. Il avançait ! L'Évangile était son garde-fou, sa conscience et son étoile. Quand il parle de l'Église, il en parle comme de sa mère, mais d'une mère parfois abusive et qu'il faut bousculer, et il parle des Nations unies comme d'une marraine un peu étriquée. La misère du monde ne se résout ni par un toit, ni par des médicaments, ni par une école. Sans l'esprit de la fraternité et du partage, ce n'est que cautère sur jambe de bois. Il n'empêche... Les Nations unies telles quelles sont un commencement. Mais seulement un commencement.

Et l'Église ? Si moquée, si vilipendée, si agressée de l'intérieur comme de l'extérieur ? Pedro ne se joindra pas à la meute de ceux qui voudraient la détruire parce qu'elle serait le signe de tous nos maux et de toutes nos insuffisances – peut-être même de tous nos péchés.

« Ne rejetez pas l'Église, dit-il. Car, ce faisant, c'est tout le peuple chrétien, nous tous que vous rejetteriez ! L'Église, ce ne sont pas seulement les cardinaux, les évêques et les prêtres... L'Église, c'est nous tous, le peuple de Dieu... Vous dites que je suis un résistant, mais l'Église entière est pleine de résistants... Tous ceux qui vivent avec l'Évangile en bandoulière sont des résistants. Et il y en a des millions. Le pape est à leur tête. Il est le chef suprême des résistants. Il démolit ce qui doit être démoli, ce qui est dogme et non message, ce qui erreur et non enseignement avec une intelligence, une douceur... Si vous l'aviez vu ici à Akamasoa, heureux comme un pinson... Il était comme un curé de ses bidonvilles d'Argentine quand il allait voir les pauvres pour parler avec eux, manger avec eux, vivre avec eux. Quand tu vois ce pape avec son âge, son demi-poumon, sa hanche qui dérape, et que tu entends ce qu'il dit et que tu vois ce qu'il fait, tu ne peux pas être contre l'Église ! Il respire l'Évangile, la charité et les Béatitudes... L'Évangile n'est pas une loi, il est un esprit et cela jusqu'à la fin des temps ! »

Pedro a confiance. On ne peut que l'approuver. Ce n'est pas avec la mine renfrognée des donneurs de leçons, avec les ukases des pharisiens de salon, les récriminations des recalés de l'enthousiasme et de la joie qu'on avance. L'âme d'enfant fait de vous un lucide, un voyant, un espérant, un visionnaire...

« La loi est utile, dit encore Pedro... Mais avec de l'amour ! Sans amour, la loi est un monstre froid. »

Quand je l'écoute, je songe. Tout ce qui s'est passé dans l'Église peut avoir l'air scandaleux. Pourquoi en sommes-nous là à devoir attendre d'un pape révolutionnaire qu'il nous remonte les bretelles ! On ne fabrique pas une institution impunément. Quand Constantin, à la fin du IVe siècle, se mêle de faire du christianisme une religion d'État, le mal est fait. La politique met le bout de son nez dans ce qui devrait rester une affaire de conscience, d'esprit et d'amour. Naturellement, quand l'Empire s'effondre et que l'Europe se morcelle en une multitude d'États, l'unité de l'Europe est entre les mains du pape, de Rome. Ce qui devait rester pouvoir spirituel devient aussi pouvoir temporel. Le pouvoir et l'institution font bon ménage. Dans les États, on légifère. À Rome on crée des dogmes. À force d'en créer, l'Église y perd son latin, l'esprit de l'Évangile est recouvert d'une quantité d'interdictions qui n'ont rien à y faire : pouvoir exclusif des mâles, exclusion des femmes, célibat des prêtres et tout ce qui s'ensuit...

« Toutes ces inégalités sont de pures inventions... Elles n'existent pas dans le christianisme des origines.

Jésus n'a jamais exclu les femmes. Quant aux Apôtres, ils étaient à peu près tous des hommes mariés... Les premiers chrétiens étaient des frères, tous égaux dans les catacombes. Et quand saint Paul les visitait, il était accueilli comme un frère ! »

*Un frère.* Je ne saurais compter combien de fois le mot revient dans la bouche de Pedro. *Le frère, la fraternité*, c'est l'honneur de l'Évangile. *Être frère, se conduire en frère*, chez Pedro, ce ne sont pas des mots en l'air, des mots pour faire joli, pour faire accueillant et – pour tout dire – pour faire le chrétien ! Ces mots-là sont la chair de l'Évangile.

« Quand j'ai été ordonné prêtre, j'ai fait cette promesse... Ce furent mes "vœux" de jeune prêtre : "Tout être humain est mon frère et ma sœur." Je n'ai jamais dévié de cela. J'y ai toujours cru. Plus jeune, j'y croyais à 100 % ... Aujourd'hui, disons à 97 % ! J'ai perdu 3 %. C'est peu en une vie ! »

Je lui fais cette réflexion :

« Décidément, l'esprit est le même partout, sous toutes les latitudes et dans toutes les cultures...

— Tu vois, conclut Pedro, la fraternité est bien universelle. »

Universelle en effet... Je songe que parmi les plus grands résistants au nom de l'amour se trouvent ces moines, ces ermites de partout, qu'ils soient chrétiens, bouddhistes, hindouistes, chamans, sachems ou sorciers. Ce sont les révoltés de notre monde. Ils se greffent directement sur le cœur de Dieu. Ils se branchent à l'Esprit. L'Esprit Saint, le grand Esprit, la conscience universelle, l'infini, l'absolu... Greffés, branchés par la compassion et la prière, ils sautent allègrement du Vendredi saint à la Résurrection de Pâques. C'est leur façon d'être sauveurs avec le Sauveur. C'est leur façon d'essuyer les larmes de Dieu. L'insurgé et le résistant deviennent alors témoins de l'amour, d'un amour tellement compassionnel qu'il paie de sa personne.

J'avais dit ceci à l'abbé Pierre :

« On vous admire et on vous aime parce que vous agissez… Mais tous ces milliers de moines confits dans la prière, à quoi servent-ils ? »

Il m'avait répondu :

« Un jour, tu comprendras que la terre est redevable des prières de ces milliers de moines qui montent vers les cieux. L'énergie du monde est là. »

Nous oublions parfois combien Pedro prie lui-même… Dans le vide, le silence et l'Évangile qui dit tout, qui montre le chemin, qui enseigne la vie. Il sait, lui, que prier ne consiste pas à tordre la main de Dieu, à lui forcer la main, mais simplement à la lui effleurer, pour enfin nous décider à transformer notre révolte en énergie positive et contagieuse… Prier, c'est être au quotidien *maintenant* avec Dieu et avec le pauvre, sans que ni l'un ni l'autre lâche.

« Notre prière d'indignation, me dit Pedro, a sa valeur non pas quand nous avons les mains jointes, mais lorsque nous avons une main sur le cœur de Dieu et l'autre main sur la misère du pauvre.

— Et la désillusion, Pedro ?

— Oh ! la désillusion… S'il arrive qu'elle te décourage – et c'est presque inévitable lorsqu'on s'occupe des pauvres et des exclus –, sache que ce qui est grave c'est l'illusion, car elle est tromperie. Il y a dans la désillusion un pardon qui peut être accordé, une justice qui peut être rétablie, une illusion qui est dépassée. Saint Vincent de Paul le savait qui déclarait : “Il n'y a pas de charité qui ne soit accompagnée de justice, car l'amour est inventif jusqu'à l'infini.” »

Je me souviens qu'il disait aussi :

« C'est le cœur qui pousse à l'action et parfois à l'opposition… Ce qu'il t'est demandé, c'est toujours le cœur d'abord et après l'œuvre. »

# PETITE MÉDITATION
# À L'OMBRE D'UN FLAMBOYANT

Que peut faire celui qui n'est qu'un humain ordinaire ? Pedro a raison de me répondre :

« Il y a un secret en moi que tu ne pourras jamais connaître… Ni toi ni personne. »

Mais qu'est-ce que je viens donc faire ici, si ce n'est pour découvrir des secrets – non des tours de magicien qui permettraient d'aller plus fort, plus vite, plus haut ? Car le cœur n'a rien à voir avec la compétition et le peu de bien dont nous sommes capables, le Bon Dieu ne le regarde pas avec condescendance ou commisération. On fait ce qu'on peut sur cette Terre, parce qu'elle est sacrée. Dans le cœur de l'homme, demeure un rien de pulsations qui battent au rythme de ce qui est sacré. Oui, nous sommes tous des pauvres types… Ce n'est pas grave ! Le principal n'est-il pas d'avoir un bon fond ?

Comment répondre à la question du bonheur. Elle nous hante tous… « Si le bonheur était une constante, il deviendrait vite une habitude. » Ce que l'on peut apprendre du bonheur à Akamasoa, c'est que la joie véritable ne trouve sa véritable perfection qu'en rendant l'autre heureux. Triste est la joie qui ne brise pas la carapace de l'*ego*. Pour briser une résistance aussi coriace, il faut savoir faire un clin d'œil au moi de l'autre, à celui-là qui est juste à côté de moi. Alors, le mur tombe. Avec ses pierres, on peut construire un pont.

Le vrai joyeux est généreux, le joyeux égoïste est un faux joyeux. Le rire qui détend, le sourire qui éclaire, tels sont les commencements de preuve de la joie. C'est une passerelle. À défaut d'une langue commune, Akamasoa permet d'expérimenter le vrai sourire, celui qui ouvre les portes et les cœurs. Pour sourire, en effet, il ne faut pas chercher à être heureux, à soupeser le pour et le contre. Allons-y, résolument, comme le font ces enfants. Tous les matins, au réveil, on devrait prendre la résolution de sourire à la vie, tout simplement.

Un jour, un pauvre m'a dit :

« Nous les pauvres, le sourire, on n'a que ça. Vous les riches, il vous faut des raisons de sourire ! »

J'ai envie d'y ajouter cette parole de sagesse :

« Ne divorce jamais d'avec ton sourire… Tu ne divorceras jamais d'avec ton cœur. »

Certes, le sourire n'est pas le bonheur. Mais il y ressemble et y conduit. Oui, c'est difficile d'approcher le bonheur, mais nous nous devons de résister à l'envie d'abandonner. Même s'il est plus facile de le rêver que de l'étreindre, de l'attendre plutôt que de le décider. Pourtant, le bonheur ne se destine pas à celui qui l'attend ni à celui qui le rêve, mais s'offre à celui qui le décide, celui qui le choisit.

Le bonheur, c'est avec ou sans ? Avec les autres ou sans les autres ? Ouvert ou fermé ? En tournant en rond autour de son nombril ou en changeant de cap ? De la réponse à ces questions dépend l'enthousiasme. L'enthousiasme et la joie, c'est ensemble qu'ils frappent à la porte du cœur du communiant, celui qui veut être en union, et non pas du suffisant, celui qui se suffit à lui-même. Le bonheur ne se conjugue qu'au pluriel.

Depuis des millénaires, on tente d'en finir avec ces deux catégories, car elles nous dérangent. On ne connaît que trop bien l'homme suffisant. Le communiant est une espèce plus rare. Il sort de soi et c'est risqué ! L'homme ruse en fabriquant des combinaisons entre les deux : le bonheur du communiant et le plaisir du suffisant – le bonheur en vrai et le bonheur en faux, pour résumer. Il a la mémoire courte de celui qui n'a rien appris, consomme le plaisir avec les mauvaises herbes qu'il entretient : peur, égoïsme, jalousie, méchanceté et lâcheté !

Serions-nous des idiots ? Des masochistes ? Des aveugles ? Nous y allons gaiement, aimons mieux ricaner que rire, mieux grimacer que sourire, mieux couler qu'élever, mieux haïr qu'aimer, mieux condamner que pardonner. Maison, épouse, maîtresse, enfants, voiture, position sociale... Tout nous fuit entre les doigts alors qu'on a travaillé pour que ça dure. C'est un marché de dupes, évidemment ! Mais qu'importe, on se satisfait de tel ou tel plaisir plutôt que de la joie. Elle paraît insaisissable. Ne dit-on pas « *les* plaisirs » au pluriel, alors que la joie, elle, est au singulier.

Mais qu'est-ce que la joie ? Mystère de la simplicité. C'est vivre avec intensité les choses ordinaires du quotidien. Laisser s'éveiller en nous cet amour qui transformera les « presque riens » de notre vie quotidienne en « presque tout », à vivre humblement mais au superlatif. Bien souvent, ce sont ces petits riens qui embaument nos vies de beauté et de tendresse. La joie, c'est de savoir que c'est la même vie dans laquelle nous baignons tous, lui le pauvre, notre frère dépenaillé et affamé, et nous, qui sommes nés sous une bonne étoile…

C'est pourtant la même matière première dont nous sommes tous fabriqués et façonnés. C'est la même lumière qui nous éclaire tous et que nous reflétons. C'est le même Amour partout à l'œuvre. Nous semblons différents et nous sommes reliés par un seul et unique amour. Chacun en lui a la conviction de ce qu'il est, de ce qu'il sait, de ce qu'il fait.

Être, savoir et faire semblant doit être, pour beaucoup, le but de la vie. Celui qui ne sait pas bien faire ne doit pas s'étonner de ne pas être. Le bonheur est dans l'être. L'être est dans l'éternité. Or l'éternité n'est pas à l'extérieur, mais elle est au centre.

Les hommes zigzaguent en tous sens en quête de bonheur, c'est absurde. Et aujourd'hui, ils le font sans doute plus que jamais. Succédant aux utopies collectives, les slogans publicitaires nous vendent un faux bonheur. Or, il ne vient ni d'une soumission à des idéologies ni d'une soumission à la consommation. Quelle erreur que ces esclavages ! Le bonheur est le fruit de la liberté d'aimer et non de celui d'un penchant à se soumettre. On le trouve gratuitement au fond de soi.

Le bonheur procède de la liberté et non de l'égalité. Si, tout un chacun, nous sommes capables d'en décider pour nous-mêmes, le bonheur ne saurait être le même pour tous. S'il est individuel dans sa nature, il est contagieux dans ses effets, et ses bienfaits s'étendent au plus grand nombre : être heureux rend les autres heureux.

Tout à mes pensées, je pense à nos frères et à nos sœurs d'Akamasoa… Je vois nos sourires, nos partages, les hauts et les bas, les joies et les coups durs. Soudain, le fou rire me prend, quand je pense qu'en France le bonheur est devenu l'affaire de gourous, de thérapeutes, de médiums, de magiciens… Et que dire des médecins, bonimenteurs de ce nouveau culte du *bonheur à tout prix*, qui en soignent les défaillances à coups de pilules ! Le marché de la tristesse, véritable identité de ce marché du bonheur, est très juteux. Il s'ouvre à des hurluberlus, habiles à se tailler des parts de marché sur le dos de la misère humaine… Le bonheur ? Si simple pour eux… On frappe vite et fort, à grand renfort de miel dans les mots, d'une once de prière, d'une pincée de méditation, à coups de postures, de lâcher-prise contre le vide intérieur et d'une astrologie bon marché. Ce nouveau plat se mange de préférence tiède, associé à des régimes alimentaires, au culte du corps comme souverain bien… Tout ce tintouin ne leur coûte pas très cher : avec une centaine d'euros et par de grands coups de pub, on vend le *nirvana* en quelque mois, sous cellophane, avec extension de garantie et en sus la quiétude jubilatoire des saints.

Il faut aller vite. Il n'est plus question de perdre son temps à aller au fond de soi pour s'extirper de son *ego*, ce ne serait pas sérieux… Et certains savants l'assènent tout de go : on pourra bientôt gagner le bonheur avec une pilule absorbée chaque matin. Si vous restez malheureux, c'est que vous aurez oublié la pilule, pardi ! On passerait de la pilule contraceptive pour faire l'amour gratis à la pilule du bonheur pour se dispenser de le chercher. Passer de la vie en gris à la vie en rose, attendre la pilule qui permette de mourir heureux et en musique, comme dans *Soleil vert*, où un pauvre homme avance, ces mots tatoués sur le front, sur les bras et sur les fesses : « Sois heureux ! » Ce n'est plus de ces quêtes vers lesquelles on chemine patiemment, avec ses ascensions et ses chutes, mais un dû que l'on attend, une injonction que l'on subit.

La possibilité du malheur, à l'évidence non souhaitable, passe à la trappe et rejoint l'interdit. Le devoir d'être heureux abolit le droit. Il expédie dans un cul de basse-fosse la liberté. La quête libre de bonheur fait tout son prix…

Mais alors, que deviennent nos frères, vivant là dans leur masure, avec qui je ris moi-même en mangeant un peu de pain rassis ? On les jette en enfer ? N'y sont-ils pas déjà ? On leur refuse d'accéder au bonheur ? De toute façon, ils ne pourront s'offrir la pilule…

À toutes nos faiblesses, pourquoi ne disons-nous pas clairement : NON. Au lâcher-prise mollasson, préférons une saine exigence, une volonté hors du commun, une foi de charbonnier, l'amour sans faille, celui que portèrent la petite Thérèse, l'abbé Pierre, et tant d'autres, et que porte le père Pedro. Lui, il fait naître le sourire sur ces visages de pauvres simplement en habillant de chair le mot fraternité. Là est le *vrai bonheur*. Je ne l'échangerais pour rien au monde, car les autres bonheurs, je les ai connus. Ils ont perdu toute saveur.

# RÉSISTE ET SOIS UN ARTISAN DE PAIX !

Ce matin semble à la fois identique et différent. Identique, car le drame humain a ceci de particulier qu'il ne se renouvelle que peu dans sa nature. Différent, car ce matin-là va nous donner une leçon de vie, de celles qui ne s'oublient pas.

Alors que Pedro et moi sommes assis sous un flamboyant rouge comme la crête d'un coq, une famille avance timidement vers nous. Une dame vient parler au nom de son mari aveugle et de ses enfants qui se tiennent à côté d'elle. Les deux membres du couple ont 45 ans environ. Ils sont à Akamasoa depuis quinze ans. En sus de leurs enfants, ils ont adopté un petit orphelin.

« Maintenant, dit-elle, on voudrait rentrer chez nous. C'est de là-bas que l'on vient et on voudrait y aller pour tenter une nouvelle vie... Merci pour tout, mon père ! Merci pour la maison que vous nous avez donnée ! On a pu y élever nos enfants. » [Pedro est très ému.]

« C'est à cent kilomètres d'ici », ajoute-t-elle, comme pour s'excuser d'aller aussi loin.

Cent kilomètres avec les routes d'ici, c'est un monde ! Elle est à la fois souriante et inquiète... Pedro la rassure :

« Surtout, n'allez pas vous inquiéter… C'est beau, ce que vous voulez faire ! On vous y accompagnera avec vos meubles. »

Il me prend à témoin :

« Tu vois Pierre, ils ont le courage de continuer, d'avancer dans la vie… Ils viennent me dire "merci". C'est simple, sans discours – ils ne savent pas en faire. Cette dame sourit en disant merci et c'est tout. On va les soutenir pour leurs débuts là-bas, car ce ne sera pas facile, même s'ils y ont de la famille. [Un silence.] Accroche-toi à tout ce qui est beau. Cela en vaut la peine ! »

Il a tellement raison ! Il faut s'accrocher à toute forme de beauté, car le laid est souvent tout près : ce même matin, un peu plus tard, un monsieur tue sa femme… D'un coup de colère, à cause de ce maudit alcool ! On serait tenté d'ajouter : *comme d'habitude !*

« C'est fou ce qui te tombe dessus ! »

« Ne dis pas "tu", mais "nous" ! Cela NOUS tombe dessus ! De la même manière que JE ne fais rien… NOUS faisons, NOUS construisons, NOUS avançons, NOUS subissons ensemble ! Chaque fois que quelqu'un de chez toi me parle comme ça, je rectifie ! Vous êtes tous pareils en Occident. Vous avez besoin de héros ! Mais un premier de cordée tout seul ne sert à rien. C'est ensemble qu'on fait une cordée ! Non.

« C'est une maladie… Vous adorez énumérer des exploits. Tout est pour vous compétition, même l'amour ! Relisez l'Évangile… De toute façon, vous pouvez dire ce que vous voulez… Pedro par-ci… Pedro par-là… Ma tête n'enflera pas. Je suis Argentin, ne l'oublie jamais et j'ai les pieds là [Il frappe de grands coups de pied dans la terre]. C'est comme quand vous dites : “Ici c’est le paradis ! Vous avez gagné...” Gagné quoi ? On n’a rien gagné. On tombe, on se relève, on avance !

— C’est comme quand je te parle de ta relève, Pedro... Ça ne te plaît pas... Tu as pourtant 70 ans sonnés. Tu n’es plus un gamin !

— Non, tu as raison... Ça ne me plaît pas... La pérennité de tout ceci et ma relève, eh bien, c’est ma vie de tous les jours. Et mon exemple, puisque tu aimes ce mot, mon exemple n’est rien d’autre que ce que je fais. Qu’a dit Jésus ? Ces simples mots : “Vous ferez cela en mémoire de moi.” C’est une relève, ça ? Non, il vivait avec ses compagnons. Il vivait pleinement... Pendant ce temps, eux réfléchissaient à qui serait le plus grand parmi eux pour lui succéder ! Non, je lutterai jusqu’à la fin de ma vie, parce que, vois-tu... chaque petit pas que NOUS faisons est un trésor ! »

Il n’a pas fini de me livrer cette sorte de testament qu’on vient nous interrompre pour une énième fois... Une petite fille de 9 ans a failli se noyer dans le canal de l’un des villages, plus haut. Elle a glissé, ne savait pas nager... Une de ses parentes, infirmière, a réussi à la sauver...

« Viens ! », me dit Pedro.

Avant d’ajouter :

« Non, attends une seconde... J’allais oublier le plus important... »

Il ressort avec une bourse de friandises !

Après quoi, en dix minutes, nous y sommes... Pedro caresse la joue de l’enfant, elle sourit...

« Tiens, je t’ai amené des chocolats ! »

On dirait du Jacques Brel. Les yeux de l’enfant s’illuminent.

« Quand tu seras guérie, tu viendras manger chez nous… Tes parents sont invités ! »

Quelques jours s'écoulent… Pedro se frappe le front :

« Bon sang, j'ai oublié l'invitation !… Tu sais, Pierre, je devrais avoir trois ou quatre personnes qui me suivent en permanence pour noter tout ce que je promets… Ce pourrait être toi, mais tu ne comprends rien au malgache ! »

Chaque fois qu'un enfant est malade, Pedro remue ciel et terre. Chaque fois qu'un enfant meurt, il est atterré :

« Chaque dimanche après-midi, je rassemble tous ceux qui viennent jouer là… En temps normal, ils sont 20 ou 30… Ce jour-là ils sont 250 ! On prie ensemble et après je donne des paquets de biscuits qu'ils se partagent. Ils sont adorables… Que pensent-ils de moi ? Je n'en sais rien… Une sorte de grand-père à la barbe blanche tombé du ciel, peut-être, ou un truc semblable… Tu vois [il me montre sa fenêtre, là-haut], parfois, je suis en prière là-haut… Mais c'est plus fort que moi, chaque fois qu'un enfant m'appelle, je descends. Ils me disent : “J'ai soif !” Je leur donne à boire. Je suis leur monde, leur jeu, leur nounours ! Et puis… [Il s'assombrit] la même petite fille que tu vois là, elle viendra un jour me dire peut-être : “À la maison, s'il y a mon père et quand ma mère n'est pas là, je m'en vais… Je ne veux pas rester seule avec mon père.”

« Nous ne sommes pas sur terre pour haïr ou pour vaincre l'autre, mais pour apprendre à être frères… Nous devrons tous l'apprendre, sinon la vie sera un enfer. Nous sommes bientôt 9 milliards et il y aura de plus en plus d'émigrants. Que faire ? Ériger des murs de dix kilomètres ou apprendre à être interdépendants et à créer des ponts.

Sans ponts, l'humanité est morte. L'adage "si tu veux la paix, prépare la guerre" est devenu idiot ! Edgar Mitchell, quand il contemplait la terre de là-haut, a subitement compris que cette petite boule sacrée qui s'appelle la Terre était celle de la fraternité.

« Sais-tu ce que c'est que prier ? Ne me réponds pas les formules toutes faites –s'abîmer en Dieu, ne plus écouter les murmures du monde, se replier au fond de soi… Non : prier c'est *faire le bien* ! Rien d'autre. Qu'est-ce que c'est que faire le bien ? C'est quand mon émotion devient compassion. Là surviennent l'Esprit et la Grâce. Alors tu dépasses tout, le dégoût comme la peur. Là, ton cerveau que tu admires tant ne te sert plus à rien. À rien ! Quand tu as le lépreux devant toi et que tu t'approches et que tu l'embrasses, si tu analyses, tu es fichu ! Tu ne vas pas lui dire : "Attends, je repasse la semaine prochaine, tu reviendras avec un certificat médical !" » Il éclate de rire.

Quand on résiste au mal, on est cet artisan de paix dont parle Jésus :

« Lorsque tu rentres dans une maison, si tu dis "paix", la paix entrera dans cette maison. S'il y a là un ami de la paix, la paix ira sur lui, sinon elle reviendra sur toi » (Mt 10,12-13).

Faisons la paix avec celui qui ne nous ressemble pas, avec celui qui n'a rien alors que nous avons tout… Relisons ce texte de Pedro, tiré du *Cri des pauvres… Comment ne pas se dérober ?* :

> « L'histoire du pauvre dans l'humanité semble avoir toujours été triste et dramatique ! Depuis la nuit des

> temps et depuis qu'on a inventé l'écriture, on a décrit trop souvent le pauvre comme étant un être à part, ou au bas de l'échelle sociale et au plus bas dans l'estime des gens. »

Il a raison. Jadis, l'esclave était une chose, valait moins qu'une maison, qu'un champ ou qu'un chien ! Il n'était pas question de résister ou de s'insurger. Le faisait-on qu'on était repris et crucifié, comme Spartacus, l'esclave qui avait osé dire qu'il était libre ! Au Moyen Âge, on était devenu plus « humain », si l'on peut dire : on vous pendait devant femme et enfants ! Que faisait une certaine Église ? Elle était bien de son temps : elle baptisait les victimes pour qu'elles n'aillent pas en enfer. Elle avait oublié l'Évangile et celui qu'elle servait, qu'on avait crucifié jadis... Elle avait oublié ses paroles sublimes :

« Tout ce que vous faites au plus petit d'entre les miens, c'est à moi que vous le faites. »

Il faudra attendre combien de temps ? La Révolution française a bien inscrit dans le marbre une Déclaration des droits de l'homme, mais elle est restée lettre morte... Il faudra attendre le XIXe siècle et les missionnaires protestants pour enfin voir le mot « Homme » écrit avec une majuscule...

À cause de cela, Pedro crie sa révolte :

« Contre tout bon sens, le pauvre, sans doute parce qu'il ne possède rien et que tout est jugé à l'aune de ce qu'on possède, se fait continuellement écraser par les autres. D'où vient donc cette énergie négative dans l'homme pour vouloir ainsi dominer et détruire son frère pauvre ? »

Résister, c'est vouloir tellement aider ses frères à se mettre debout, qu'ils retrouvent leur dignité et leur liberté d'exister en êtres libres et indépendants… Il y a trente ans, ce n'était qu'un rêve pour Pedro, et depuis, c'est tout un peuple qui s'est mis debout ! Mais ne nous leurrons pas : si nous désirons aider, même avec amour… Un pauvre aidé reste un pauvre parce qu'il est dépendant de ses bienfaiteurs. Celui qui donne, qu'on le veuille ou non, est toujours au-dessus de celui qui reçoit. Le pauvre doit toujours remercier… Pedro lui, n'oubliera jamais ce que Vincent de Paul demandait à ses sœurs de la Charité :

« Puissiez-vous vous faire pardonner ce pain que vous donnez ! »

Lui le traduit à sa façon :

« Chaque fois que nous aidons un pauvre, nous devrions nous excuser à l'avance de l'aider. »

Mais nous aimons tellement nous faire remercier du bien que nous faisons…

« Que ta main gauche ignore ce que donne ta main droite », nous enseigne Jésus…

Après tout, ne soyons pas choqués d'entendre de la bouche du pauvre non pas « merci », mais « c'est normal » – tout ce qui relève de la justice est normal. Il faut beaucoup de temps pour apprendre à ne pas nous prendre au sérieux pour le bien que nous faisons : ce n'est là que vocation humaine. C'est elle qui nous permet de voir dans le pauvre un frère, à parts égales, avec la même dignité, les mêmes droits, les mêmes honneurs et les mêmes privilèges. Pedro, l'abbé Pierre, Emmanuelle et Teresa, Pierre Ceyrac et tant d'autres, vivants ou morts, ont répété nos actions au centuple sans se prendre au sérieux. Le propre de l'amour, du vrai, est d'être humble et souriant.

# CELUI QUI RÉSISTE JAMAIS NE REFUSE…

J'observe que les résistants ne sont pas des rêveurs ni des utopistes. Ils ne repeignent pas en rose une planète qui est en gris. Pedro, comme chacun, sait que le mal est là, qu'il existe, que ce n'est pas un simple cauchemar dont on se réveille frais et pimpant. L'humanité est ainsi faite que c'est le mal qui met en exergue le bien et que c'est l'honneur de tout homme et de toute femme que de regarder droit dans les yeux le rocher qui chaque jour menace d'écraser Sisyphe. C'est ainsi que l'acceptation se marie à l'amour. En nous, l'amour, la tendresse, comme toute chose, ont besoin d'être nourris de l'extérieur pour survivre. Et si parfois un peu de désespérance vient assombrir le regard de notre cœur, souvenons-nous que ce mot peut aussi s'écrire d'une autre façon : « Des espérances. »

Peut-être faut-il la souffrance de l'absence pour réveiller l'amour de l'amant et la fatigue de la marche pour goûter la douceur du repos ? La souffrance serait alors la preuve que l'épreuve a un sens inventé par l'amour, comme un contre-scénario au malheur. La souffrance universelle serait alors elle aussi la preuve que les épreuves subies par notre société ne sont qu'une étape et un cheminement vers un équilibre plus universel. Peut-être faut-il qu'il y ait défi à relever pour apprendre à accepter. Dans chaque situation de vie, la plus invraisemblable comme la plus enviable, nous pouvons découvrir la possibilité d'apprendre, d'évoluer et de grandir. Souvenons-nous d'aller à l'essentiel pour laisser la vie suivre son cours en nous. Vivre, c'est accepter ce qui est, en sachant qu'on peut le transformer.

La vie humaine est une succession d'apparents succès et d'échecs provisoires, de douleurs insondables et de joies modérées, un va-et-vient incessant de gentillesses et de méchancetés, un gribouillis de coloriste qui, du noir au blanc, invente une multitude de dégradés allant du rose au gris. Dès la naissance, le danger menace.

L'art de vivre est d'abord de passer entre les gouttes d'un ciel chagrin. Même ceux qui se disent très heureux affrontent des tristesses, d'autant plus fortes qu'ils n'y sont pas accoutumés. Je songe parfois à l'étonnement, même à l'incompréhension que provoqueraient les « tristesses de riche » chez mes frères d'Akamasoa, tant les « tristesses de pauvre » en sont à des années-lumière. Le « mal vivre » est inimaginable pour eux. À quoi servirait-il d'évoquer notre peur de tomber malade, par exemple, alors que je suis vacciné, et que l'on surveille ma santé ? Le riche vient au milieu d'eux avec ses trois doses de vaccin, alors qu'ils n'en ont pas reçu une seule ! Il a tout ce qu'il lui faut dans sa trousse à pharmacie quand chez eux on doit travailler trois jours pour s'offrir un seul tube d'Efferalgan ! Chez eux, pour paraphraser Michel Audiard :

« Les emmerdes, ça vole toujours en escadrille ! »

Ici, les « emmerdes » se vivent à plusieurs. Mais y faire face ensemble ne les rend pas moins terribles. Ils perdent leur enfant sans être sûrs que le lendemain les autres survivront ! Ici, chez les pauvres, rien n'est plus proche de chacun que le malheur des autres. Vous allez peut-être penser qu'on se tient chaud dans le malheur ? C'est faux. C'est comme penser que « ça n'arrive qu'aux autres ! » Car nul n'est protégé individuellement de ce qui tombe sur la tête du voisin.

J'ai beaucoup réfléchi à la Covid à Madagascar. Non que je craigne particulièrement la contagion... Cependant, voir les effets psychologiques de la pandémie de loin offre un angle de vue différent... Chez nous la douche fut d'autant plus brûlante qu'elle paraissait inimaginable ! Songez... Nous les riches, les puissants, pensions avoir laissé le Moyen Âge à d'autres. Avec la fin sur notre sol de la peste, du typhus, du choléra et des autres maladies, nous pensions avoir tout prévu, jusqu'au vaccin pour le moindre bobo. Avouons-le : nous pensions que les épidémies sont faites pour ceux qui les méritent parce qu'ils sont sales, imprudents, arriérés et pauvres. Nous mettions cette barrière entre un monde civilisé et un monde barbare.

Quand nous pensions cela, voilà que nous est tombé sur le nez une vraie pandémie, pour tous, riches et pauvres. Et nous, riches, avons été impuissants autant que les pauvres. Nous avons été condamnés comme eux à nous boucher le nez et à nous laver les mains, comme au temps des pestes. Souvenons-nous de la leçon : la « chose », abjecte, visqueuse, insaisissable, immaîtrisable, « qui n'arrive qu'aux autres » nous tombe dessus sans crier gare !

Nous pensions maîtriser la mort, ou au moins la contrôler dans des bornes acceptables, l'aseptiser dans nos EHPAD mouroirs ; nous la tolérions cachée et murmurée parce qu'il faut bien mourir ; nous pensions même en décider avec nos guerres mondiales, régionales, ukrainiennes, en direct ou par mercenaires interposés... Nous parvenions même à la réinventer par la faim, par l'analphabétisme, par la couche d'ozone, par notre argent et par notre mépris...

Eh bien, non. La mort revient nous visiter de son plein gré, sous la forme d'un rien du tout, d'un messager infinitésimal, invisible à l'œil nu, un *virus*. Il est venu à nous sans passeport, allègre, sautillant à travers nos frontières improbables et poreuses. Nul n'est plus à l'abri sur notre belle planète. Comme si nous ne le savions pas... La peur n'est plus l'apanage des pauvres, elle est l'affaire de tous.

Quand je regarde Pedro et ses pauvres, le premier mot qui me vient, évidemment, c'est *compassion*. Un second l'accompagne : *résilience*. Elle est de toujours et de partout. Cette force de vie, c'est elle qui nous dépasse et nous relève d'une chute dont nous pensions qu'elle nous clouerait à jamais au sol. Il y faut sans doute une goutte de foi, une pincée de grâce.

La résilience évoque Adam mourant qui se redresse dans la fresque du *Jugement dernier* de Michel Ange. C'est cette force qui s'empare des survivants des camps de la mort dont nous parlent Élie Wiesel et Simone Veil, des survivants du goulag évoqués par Soljenitsyne. C'est celle de Bach composant « Jésus que ma joie demeure » après la mort de sa femme tendrement aimée.

La résilience nous parle des pauvres d'Akamasoa qui se relèvent ensemble de l'horreur... De notre fragilité, nous tirons notre force. Ce n'est pas un cliché, même si nous pouvons le croire parce que nous sommes blasés et que nous avons perdu le don de simplicité ; parce que nous sommes cyniques et que nous avons perdu la grâce du pauvre de cœur – celui dont Jésus nous dit qu'il sera consolé. La plus vive consolation réside dans la vulnérabilité qui devient cette force irrésistible née de l'humilité, et qui nous permet de tisser le maillage ardent de nos existences minuscules. C'est faire de notre vulnérabilité qui nous écrase une tension qui nous élève...

« C'est dans le froid que nous cherchons la flamme et que nous découvrons subitement que la flamme brille en nous », disait l'abbé Pierre...

Plus je côtoie mes frères d'Akamasoa, malgré mes insuffisances, plus je sais que donner, pardonner, abandonner, accepter, c'est une manière – infime peut-être, mais efficace – de donner au monde une chance d'évoluer et à l'homme une occasion de se libérer.

Pour revenir sur le fait d'accepter, je dirais que c'est accueillir l'instant dans le creux de ma main. Je vois Pedro le faire si souvent... Sa vie entière est acceptation : il lui est impossible de grandir dans la vie sans être conscient et lucide, « sans avoir les deux pieds solidement enfoncés dans la terre mère », comme il le dit.

Accepter la beauté, c'est accepter d'être soi tout en comprenant qu'une part de divin s'est éprise de soi. Accepter de lâcher prise sur le passé et refuser de vivre tourné vers l'avenir, c'est rendre audible la voix intérieure qui ne s'exprime qu'au présent. Accepter, c'est commencer, dans la douleur et la lucidité, de faire l'expérience de la compassion. Tant que je reste riche, qui est le pauvre pour moi ? Un étranger. Tant que je mange mes trois repas, qui est l'affamé ? Un mystère. Tant que je ne demeure pas sur un lit d'hôpital, qui est le malade ? Une image. Tant que je vis en démocratie, qui est le persécuté ? Une idée. Résistons au mal délétère, acceptons le partage !

Ici, à Akamasoa, royaume des enfants, on croise également des anciens. Il suffit d'aller dans les maisons… Mais vieillir, qu'est-ce donc ? Je veux comprendre, puisque je vieillis moi-même. Vieillir, est-ce la dernière provocation de la vie qui regarde sournoisement vos forces vitales vous trahir, vous abandonner lâchement ?

Moi, je préfère en référer à Jésus. Le Jeudi saint, l'Évangile précise ceci : « Jésus, entrant *librement* dans sa Passion. » Il accepte librement sa Passion comme je dois accepter librement ma vieillesse. Accepter de vieillir, c'est certainement la meilleure façon de contester ce que j'attribue au mal et qui semble inexorable.

Pedro ne vieillit pas. Aurait-il un secret… Et si la bienveillance envers soi et l'accueil de ce qui vient était la meilleure manière de ne pas décrépir de l'intérieur ? Pedro m'apprend qu'il est déjà bien de ne pas médire, de ne pas *dire le mal*.

# S'ÉMERVEILLER, MÊME QUAND ÇA VA MAL !

Ce matin-là, il est huit heures. Je me rappelle que chaque jour, quand j'arrive ici, c'est pour apprendre mille choses qui se sont passées la veille au soir, dans la nuit et à l'aube. Le drame ne sommeille jamais. La vie à Akamasoa est un entrelacs de beautés, de laideurs, de pardons, de mort et d'espérance. Tout y est cousu dans une tapisserie qui n'a ni commencement ni fin. Pedro est à la fois serein et inquiet. Il m'a toujours fait l'effet d'un fauve bienveillant qui ne dort que d'un œil et les sens aux aguets. Le danger est partout, la menace diffuse et la joie affleure cependant, aussi belle que le soleil à son réveil ou le flamboyant qui offre imperturbablement son ombre bienfaisante et ses fleurs rouge sang…

« Tu vois, ce matin… L'homme qui hier n'arrêtait de pas de m'injurier, à moitié ivre mort, est venu me demander pardon… Ce n'est pas facile de croire celui qui a promis dix fois de s'amender et qui continue de menacer tout le monde dans le village, qui frappe son père quand il est saoul… On dirait qu'il a le démon en lui… Que faire d'autre que d'accepter son pardon même si c'est pour la dixième fois ? Les voisins ont dressé par écrit une liste de griefs de trois pages… J'ai dit : "On va lui donner une dernière chance !" Il a essayé de m'expliquer, de se justifier… "Ah non… Tu demandes pardon ou non… Pas un pardon avec circonstances atténuantes…” Depuis longtemps, ses proches et sa famille lui disent : “Mais qu'as-tu fait de ton éducation ? De tout ce qu'on t'a enseigné ? Comment peux-tu injurier quelqu'un qui nous a sortis de la rue ?” Je l'ai pris à part : “Tu vois… Vendredi, je réunirai tout le village qui a à se plaindre de toi… Et tu leur demanderas pardon à tous. Pas seulement à moi !” »

Osons écrire sur la porte de notre cœur : « Oui à la Vie ». Que peuvent espérer ceux qui restent, une vie durant, en dehors de leur âme ? Ils meurent sans avoir vécu. Nous confondons trop souvent la vie et ce qui l'entoure, l'enveloppe et la matière. Pourtant, la vie n'est pas ce corps qui me préoccupe tant. Nous sommes plus que notre corps, nous le dépassons. Il faut lui donner la place qui est la sienne, servir la vie qui est en nous. Après tout, l'homme ne découvre son véritable centre que lorsqu'il intègre, comme Pedro, sans les nier, bien et mal, lumière et ombre, espoir et déception.

La vie est un tout. Aucun point de la circonférence ne peut nier le centre, sans lequel elle n'existerait pas… Au bout de tant et tant de rencontres et de partage de cœur, ici, dans cette fraternité grouillante de la vie, j'ai le sentiment que Pedro me délivre ce message – ou, plutôt, qu'il le délivre à tous…

La vie n'a pas attendu que nous lui disions d'entrer pour venir en nous : elle s'est installée, comme chez elle… Et si c'étaient nous qui, sans y être invités, étions venus nous imposer à elle ? La réponse serait dans la complicité d'une cohabitation amoureuse. Accepte tout ce qui vient… Le bonheur d'un homme libre ne dépend pas d'un destin, mais de ce qu'il fera des événements que la vie lui offrira. Il y a ce que nous touchons, ce que nous voyons :

le personnage. Il y a aussi cette partie de nous que nous ne verrons ni ne toucherons : la personne. Laissons-les, l'un et l'autre, exister, cohabiter.

Pedro ne cesse de le répéter :

« Avec ton corps, ton cerveau, tes sentiments, tu peux améliorer ton personnage et l'agrémenter de mille facettes, mais seul l'esprit imprimera sa marque à ta personne. Sans l'esprit, tu pourras vivre, mais sans l'esprit tu avanceras sans boussole. Or, comme liberté, la vie a besoin d'une boussole et d'un chemin. Tout est affaire d'esprit… La défense de la nature n'est pas seulement la conséquence d'une décision rationnelle issue de rapports savants qui traduisent le réchauffement climatique en fonte des glaciers, en montée des eaux, en disparition de la faune polaire, en amplification des déserts et en mouvements migratoires incontrôlés… Le massacre des forêts ne se traduit pas seulement en perte de cet oxygène nécessaire à la vie… La surexploitation incontrôlée des océans ne se traduit pas seulement en disparition d'espèces aquatiques… Sans l'esprit, tous les efforts resteront vains. Aussi longtemps que nous ne nous occuperons que d'énergie, de pouvoir d'achat et de consommation, la relation à la nature est intéressée, utilitaire, prédatrice. Sans l'esprit, l'humanité ira jusqu'au bout du bout de l'exploitation de la nature dans une relation de maître à esclave devenue suicidaire. Nous sommes plus de sept milliards et, quoi que nous fassions, nous sommes entrés dans un cycle de sobriété, que nous le voulions ou non… Inutile d'espérer cyniquement une régulation automatique par la mort, les pandémies, les guerres. Nous n'y parviendrions pas. »

Quand Pedro parle de l'esprit qui nous lie à la nature, il ne parle pas de raison ou de peur… Il nous parle d'amour. Sans cet amour, le plus puissant des liens, inutile d'espérer que l'écologie soit autre chose qu'un mouvement politique, un effet de mode ! Inutile d'amener Pedro à condamner l'Occident tout seul, car nous sommes tous responsables, riches et pauvres. La mort de l'esprit touche les compagnies pétrolières et les compagnies forestières, mais elle nous touche tous…

« Mon cher, la déroute de l'esprit est généralisée. Elle est la pandémie la plus meurtrière qui ravagera à terme la planète. Le pape François, avec sa mesure, son intelligence et son amour de père, nous en avertit dans *Laudato si'*. C'est l'esprit de François d'Assise et c'est l'amour qui court dans *Laudato si'* ! Partout, dans Madagascar, on brûle des forêts pour cultiver davantage. Certes on cultive plus, mais on appauvrit la terre. Peu à peu, des pans de terre deviennent stériles. Que fait-on ? On brûle d'autres forêts un peu plus loin… C'est sans fin ! Si on engueule les paysans, ils vous répondent : "Mais c'est à nous ! C'est NOTRE terre ! Chez nous on fait ce qu'on veut." Eh bien, non, non et non ! Tu ne peux pas faire ce que tu veux, que tu sois riche ou pauvre… La terre appartient à tous. C'est notre bien commun. Notre Mère. »

Quand Pedro est en colère, sa voix semble venir de je ne sais où, d'une caverne. Du mont Sinaï, quand Moïse se mit à crier contre le veau d'or bâti en son absence. S'il est un sujet, un seul qui le fait sortir de ses gonds, c'est celui-ci : l'absence d'esprit.

« Mais Pierre, regarde bien, ouvre les yeux. Tu as bien vu ? Ils se lavent dans les rivières… J'ai beau leur dire : mais prends un seau d'eau et lave-toi sur le bord, rien à faire, ils continuent… Alors que 200 mètres plus bas, la même eau sera prélevée pour la cuisine ! L'eau, c'est sacré… Bon sang ! Ils devraient le savoir… Eh bien non, ils s'en fichent ! Être très pauvre conduit à perdre peu à peu le sens du sacré. »

L'esprit et la nature ne font qu'un et suscitent le sacré. Cet homme indomptable a le droit de le crier, parce qu'il est capable de tout à son échelle pour qu'à l'école, on l'enseigne, pour en parler aux mamans, parce qu'elles ont cette responsabilité capitale vis-à-vis des petits enfants… Et quand ils ont grandi, c'est lui, Pedro, qui leur apprend l'esprit de la nature. Les enfants de Pedro, en trente ans, ont reboisé toutes leurs terres, replanté un million d'arbres, et si le rythme des plantations ralentit aujourd'hui, c'est faute de place, car le terrain se fait rare. Ici, à près de 9 000 kilomètres de la France, me revient l'image de ce grand homme qu'est Robert Badinter, âgé de 93 ans, disant au journaliste qui l'interviewe :

« Je crois en la force de l'exemplarité. »

Tant que vivront des Badinter et des Pedro, je croirai encore un peu en l'avenir de la terre…

« Ici, je ne suis pas là pour remplacer l'État… Et pourtant je le fais ! Je m'occupe même de la sécurité, figure-toi… Chez toi, on appelle ça une prérogative "régalienne" non ? »

L'esprit et la nature, l'esprit et le bien commun : tout ceci procède d'une seule espérance, l'avenir du monde.

Si de ce livre vous deviez retenir un seul message ? Le voici : RÉSISTE ! Résiste de toutes tes forces à l'anarchie, à l'abandon, au chacun pour soi, à la tentation de dire « après moi, le déluge », cet esprit « je-m'en-foutiste » qui nous contamine tous, que nous soyons riches ou pauvres... Partout, c'est la même question : Qui arrive au pouvoir ? Le marchand de privilèges, pas celui du bien commun.

« On parle beaucoup de Poutine... Eh bien, je voudrais parler d'un "syndrome poutinien" généralisé sur cette planète !

— Pedro, je t'en prie, ne sois pas pessimiste ! Surtout pas toi... Si toi aussi tu t'y mets, on est fichus ! »

Il éclate de rire...

« Moi avec Jésus, je ne crains rien... Je pense aux autres !

— Les autres ? Tiens, je viens de lire un bouquin stimulant à mettre entre toutes mes mains. Il s'agit d'un Manuel de l'Esprit "pour les nuls". L'auteur s'appelle Bénédicte Manier et elle nous raconte *Un million de révolutions tranquilles* qui diffusent sur la terre. »

Pedro m'offre un large sourire. Il est heureux. Cet homme du drame et des tempêtes aime les bonnes nouvelles. Normal. Il est un fervent de la Bonne Nouvelle par excellence, l'Évangile.

« Formidable ! Ça compense un peu tous ceux qui se fichent de tout ! Même ici, à Akamasoa... Résignation et méfiance sont partout. Or, il faut relever la tête sans cesse... et ensemble. Figure-toi qu'au début, quand je suis arrivé sur la décharge, ils me regardaient de travers... Pour eux, rien n'était gratuit... Le gratuit, ça n'existe pas ! J'allais forcément leur demander quelque chose en échange ! Quand je leur ai parlé de s'unir pour se relever ensemble, ils ouvraient des yeux grands comme des soucoupes... La vérité, ça s'apprend, il a fallu du temps... Je n'ai jamais eu la tentation de caresser les gens dans le sens du poil... Résultat : S'il arrive que je me trompe dans une décision, ici on a le droit de me dire :

"Tu t'es trompé!" C'est à ce prix. Et le prix à payer, c'est résister à flatter l'opinion, à dire ce que les gens veulent entendre!

— Le contraire de la politique, donc! [Il éclate de rire...]

— La politique?... Une comédie sur fond de tragédie! Voilà ce qu'est la politique! »

— Pour être aussi *vrai*, mon cher Pedro, personne ne pourra jamais te succéder à ce prix?

— Tu te trompes complètement... Cela voudrait-il dire que personne ne serait animé de l'esprit de Vérité? Je ne le crois pas... Mais enfin, il faut du temps pour s'y faire... Je ne suis pas éternel ni irremplaçable... Un prêtre un jour peut venir ici me dire : "Bon Pedro, tu as fait ton temps... Va ailleurs! Et laisse-moi faire à ma façon." Alors je lui dirai : "OK... Si tu es sincère. Si tu es habité de cet Esprit dont je parle tout le temps... Si tu as du cœur... Si tu parles malgache... Alors pourquoi pas?"

— Ça fait beaucoup de si...

— Ah bon, tu voudrais maintenir l'esprit de fraternité au sein d'un peuple qui souffre, toi? Je te souhaite bien du plaisir. »

Ce n'est pas de l'orgueil, mais de la lucidité. Pedro n'est pas orgueilleux, il dit vrai. Il regorge d'anecdotes :

« Un jour, un bonhomme est arrivé ici et m'a asséné d'une voix puissante : "Mon père, je veux faire comme vous! J'ai trouvé ma voie!"

— Et tu as répondu?

— Bravo et bonne chance, mon fils! Que veux-tu que je lui dise d'autre? Avec tous ces braves "volontaires", je pourrais faire un livre entier! En même temps, tu ne peux pas dissuader les bonnes volontés quand elles sont sincères. »

# S'ÉMERVEILLER
# À LA DOUCEUR DE LA GRÂCE…

La puanteur des ordures de chez Emmanuelle ou de chez Pedro me paraît agréable en comparaison des mensonges, des faux-semblants, des glorioles et des petitesses des « moi » éparpillés. Je vais chez Pedro pour m'en débarrasser. Je vis une cure d'âmes brutes sans faire de façons et sans prendre de précautions. C'est une vraie cure de fraternité.

Je fais aussi l'expérience d'une forme de méditation. Sur moi, sur nous, sur la vie, sur le monde et ses destinées. Aller là-bas me permet d'y voir plus clair. Étrange vertu de l'éloignement. Peut-être aussi ce simple constat que la vraie vie est ailleurs que dans le ronron doux et mortifère. Ici, ce n'est pas beau, et pourtant je m'émerveille, figurez-vous ! Je me dis que si la joie m'a été donnée en partage en naissant – merci papa et maman ! –, l'émerveillement que je reçois ici est de l'ordre de la grâce, une grâce générale, en quelque sorte, accessible à tous, car il suffit, pour qu'elle surgisse, d'un simple regard d'enfant. La grâce est par essence démesurée.

Or, nous l'éprouvons à la mesure de nos peines, de nos attentes et de nos espérances. Nous la jugeons grande quand elle survient à l'issue d'un drame, quand elle nous tend la main pour nous sortir du puits, quand elle apporte la foi au cynique et l'espérance au désespéré. Mais cela ne veut pas dire que les autres grâces soient petites, car en toute grâce est une part de divin. Après tout, la grâce ne choisit pas ses héros : elle peut faire d'un géant un nain et d'un pauvre type un exemple. Regardez la grâce du regard d'un enfant : il n'est rien de plus simple que de le perdre quand nous ne le sommes plus. Décidons qu'il revienne, même si on croit l'avoir perdu.

Quand je regarde jouer les enfants d'Akamasoa, leurs yeux écarquillés, leurs cœurs battants, leurs silences et leurs rêves, je me souviens des joies émerveillées qui font la jeunesse. Garder en soi l'émerveillement de son enfant intérieur, c'est, adulte, jouer avec l'enfant, non pas comme une corvée pour faire plaisir, pour faire semblant, mais de tout notre cœur, sans que personne nous voie ni le sache. Voyez Victor Hugo avec Georges et Jeanne jouant sur ses genoux. Voyez le père Pedro avec une grappe d'enfants accrochée à son cou, et à sa barbe !

Dans un bidonville, on ne fait pas le beau, on ne lâche pas prise. On va au cœur de la joie mystérieuse de ces gens qui pétille au milieu du malheur, on finit par comprendre que l'émerveillement naît aussi au milieu des ordures et qu'il peut en faire le mystère de la joie… Chez Pedro, on va pour se contenter d'être. C'est déjà beaucoup. On se met à la hauteur des autres, on se baisse avec eux. Ici, je m'émerveille de cette joie de l'autre qui relie à l'essentiel, cet infini qui est le fil tendu entre le ciel et la terre. Cela a l'air d'aller très haut. Pourtant, tout part de très bas.

Chez Pedro, je n'ai pas répondu à la question : « Qu'ai-je fait de ma vie ? » Nul ne me demande, pas même Pedro, de faire mon royaume d'un bidonville ; nul n'exige de moi la fraternité des extrêmes, celle qui conduit Teresa dans les bas-fonds de Calcutta ou celle qui recrute Pedro sur les ordures de Tana... Simplement, je sens que l'émerveillement fait reculer ma peur et tend le fil du possible entre moi et l'autre. Je m'émerveille du premier sourire que donne une maman qui allaite son enfant. Quand les mots ne servent à rien, que les oreilles ne peuvent entendre, c'est notre cœur qui parle à travers le sourire. Les pauvres de Madagascar racontent leur vie hier, aujourd'hui et demain. Ils révèlent ce que je serais condamné à ignorer : la richesse de l'autre. L'émerveillement guette celui qui marche vers l'inconnu et l'élève au plus haut. On part pour mille raisons...

On arrive, on s'effraie, on est surpris, ému, parfois conquis d'emblée, parfois c'est le coup de foudre, puis dans la lenteur du fil qui se tend, on comprend, on respecte et enfin on aime. Aimer, c'est s'émerveiller, vraiment. Aimer l'autre et se découvrir un peu. Les grands voyageurs de jadis s'écriaient : « La vraie vie est ailleurs ! » Ce n'est plus tout à fait vrai, la vraie vie est partout, ici et nulle part. Elle consiste à se mettre en route sans autre étoile que celle qui brille au-dedans de soi. Voyager vers l'autre, c'est agripper le tout, le monde entier qui frappe à nos portes dans toute la palette de son étrangeté. Il y en a de toutes les couleurs et pour tous les goûts, venus de loin ou de près.

À Akamasoa, c'est le mot de Lévinas qui me vient à l'esprit :

« Le visage est ce qui nous interdit de tuer. »

Ce visage de frère m'invite à faire connaissance avec lui et donc avec moi-même. Ici, chez Pedro, alors que la guerre fait rage en Ukraine et que les migrants continuent de se noyer, je ressens le bonheur d'une humanité réconciliée. Cela vaut toutes les guerres et tous les refus… D'ailleurs, avons-nous le choix ? Cette humanité multiforme, tentaculaire et glacée, ballottée par le grand vent de la misère, de l'exode et de la faim, a-t-elle d'autre choix que la fraternité ? Le sourire au pauvre, à l'immigrant et au réfugié, c'est ce qui vaut tous les passeports du monde. À l'incapacité de faire de notre frontière un mur, n'ajoutons pas celle de vouloir ériger le cœur en frontière.

Bernard Vergely nous dit, dans son ouvrage *Petite philosophie du bonheur* :

« Tout comme il y a la poésie qui est le sourire du langage, il y a le sourire qui est la poésie du monde. »

À tous les gens pressés, n'hésitons pas à dire :

« Ne soyez pas impatients ! »

Aller aux antipodes prend 24 heures ; aller au cœur de l'autre prend une vie. L'émerveillement se déplace à pas lents, quand le plaisir est instantané et se prend en courant. Seul le premier nous sauve de l'errance autour de notre nombril.

Pedro et moi partageons ceci en frères : si sur ton chemin quelqu'un met une grosse pierre pour te faire tomber, n'hésite pas, monte sur cette pierre, de la hauteur où il voulait te faire tomber, tu grandiras… Tu auras même envie d'aller le remercier : il t'a offert l'occasion de te dépasser. Si la vie est un chemin où tu avances pas à pas, tu ne seras jamais arrivé. Et c'est tant mieux, car la vie n'a pas de terminus.

L'émerveillement est dans l'autre. Ni la fatigue ni la déconvenue ne peuvent t'empêcher de porter du fruit là où l'essentiel, au-dedans de toi, se met à l'écoute de l'Essentiel, cette part de l'homme à l'écoute du divin qui parle dans le silence. Souviens-toi toujours que c'est l'Esprit qui fait la personne...

Un jour, une simple grand-mère a écrit ceci :

> « Si vous pensez que le sourire est plus puissant qu'une larme... Si vous croyez pouvoir d'une main tendue rassurer votre frère... Si vous pouvez regarder votre frère avec une touche d'Amour... Si vous préférez l'espoir à la suspicion... Si vous pouvez vous réjouir de la joie de votre voisin... Si pour vous un étranger est un frère déguisé... Si vous donnez votre temps libre par Amour... Si quand vous partagez votre pain, vous pouvez y ajouter une partie de votre cœur... Si vous croyez que la Paix est possible... Alors la Paix adviendra ! »

Un dernier mot :

RÉSISTEZ !

# Table

Achevé d'imprimer par BRODARD ET TAUPIN,
en octobre 2022,
N° d'imprimeur : 3050229

Dépôt légal : novembre 2022

*Imprimé en France*